惡意如何帶來正義？

Simon McCarthy-Jones

賽門．麥卡錫-瓊斯——著

鄭煥昇——譯

THE UPSIDE
OF YOUR DARK SIDE

SPITE

臉譜書房 FS0154

惡意如何帶來正義？：

被誤解的第四種行為，從心理學、腦科學重新解讀人性黑暗面的成因，及翻轉個人與社會的力量

Spite: The Upside of Your Dark Side

作　　者　賽門·麥卡錫－瓊斯（Simon McCarthy-Jones）
譯　　者　鄭煥昇
副總編輯　謝至平
責任編輯　鄭家暐
行銷企畫　陳彩玉、陳紫晴、林佩瑜
封面設計　倪旻鋒

編輯總監　劉麗真
總 經 理　陳逸瑛
發 行 人　凃玉雲
出　　版　臉譜出版
城邦文化事業股份有限公司
臺北市中山區民生東路二段141號5樓
電話：886-2-25007696 傳真：886-2-25001952

發　　行　英屬蓋曼群島商家庭傳媒股份有限公司城邦分公司
臺北市中山區民生東路二段141號11樓
客服專線：02-25007718；25007719
24小時傳真專線：02-25001990；25001991
服務時間：週一至週五上午09:30-12:00；下午13:30-17:00
劃撥帳號：19863813　戶名：書虫股份有限公司
讀者服務信箱：service@readingclub.com.tw
城邦網址：http://www.cite.com.tw
香港發行所　城邦（香港）出版集團有限公司
香港灣仔駱克道193號東超商業中心1樓
電話：852-2508623　傳真：852-25789337
電子信箱：hkcite@biznetvigator.com
新馬發行所　城邦（馬新）出版集團
Cite（M）Sdn. Bhd.（458372U）
41, Jalan Radin Anum, Bandar Baru Sri Petaling,
57000 Kuala Lumpur, Malaysia.
電話：603-90578822　傳真：603-90576622
讀者服務信箱：services@cite.my

一版一刷　2022年9月

城邦讀書花園
www.cite.com.tw

ISBN 978-626-315-174-1（紙本書）
ISBN 978-626-315-179-6（epub）

定價：400元（紙本書）
定價：280元 (epub)

國家圖書館出版品預行編目資料

惡意如何帶來正義?：被誤解的第四種行為，從心理學、腦科學重新解讀人性黑暗面的成因，及翻轉個人與社會的力量／賽門．麥卡錫-瓊斯(Simon McCarthy-Jones)著；鄭煥昇譯. 一版. 臺北市：臉譜出版，城邦文化事業股份有限公司出版：英屬蓋曼群島商家庭傳媒股份有限公司城邦分公司發行, 2022.09
　面；　公分. --（臉譜書房；FS0154）
譯自：Spite : the upside of your dark side.
ISBN 978-626-315-174-1（平裝）
1. CST: 社會心理學　2. CST: 復仇
541.7　　111011311

致謝

少了諸多學者用研究照亮了人性中的黑暗面，本書將難見天日。他們的大名貫穿在內文與註腳中。

當然這本書的付梓，也少不了我所屬大學，都柏林三一學院的鼎力相助。

我要感謝不吝給我建設性評論的尚恩．歐馬拉（Shane O'Mara）、布蘭登．凱利（Brendan Kelly）、派翠克．佛爾伯（Patrick Forber）、克里斯多福．博恩姆（Christopher Boehm）、凱瑟林．麥卡利（Kathleen McCully），我在A．M．希斯版權公司（A. M. Heath）的版權經紀人比爾．漢默頓（Bill Hamilton），還有我的兩位編輯山姆．卡特（Sam Carter）與艾瑞克．漢尼（Eric Henney）。

即便有上述所有人的協助，這本書的寫成仍少不了跟我討論，並予我以支持與愛的R。

目　次

引言　第四種行為

惡意的流動，深藏在人性之中。古老的故事裡，四處是它們的影蹤。像在古希臘神話裡，美狄亞弒子只為報復他不忠的丈夫傑森，也就是率人奪得金羊毛的那位英雄；阿基里斯不肯在戰鬥中助他的希臘同志們一臂之力，只因為當中有人偷了他的奴隸。民間故事也會以惡意為題。某個神靈表示可以實現凡人一宗願望，而想當然天底下不會有這麼好的事情，願望實現的前提是不論凡人得到什麼，他的鄰居都可以加倍得到同一樣東西，結果凡人許願弄瞎自己的一隻眼睛。[1]這樣的故事，雖然在歲月中遭到掩埋，卻仍訴說著一種讓人一聽到就能產生共鳴的行為。

今天，我們知道惡意可以出自人的小氣。有人開車在停車場裡徘徊不去，只是為了讓你著急。鄰居架起圍籬，只是為了卡你的風景。我們可能也意識到了惡意有多大的殺傷力。怨偶爭取孩子的監護權，只是不想遂了前夫或前妻的心願。選民支持某名奇葩候選人，有時只是唯恐天下不亂。但我們是否準備好接受一件事情，那就是惡意也有其正面意義呢？

惡意，究竟是個什麼玩意？按照美國心理學者大衛・馬可斯（David Marcus）的看法，惡意行徑可以濃縮成八個字：傷人七分，損己三分。[2]這是惡意的「強」定義。若以弱定義去述說，則惡意是在有可能傷害到自己的前提下去傷害別人，或者，惡意也可以是單純的損人不利己。[3]但是如馬可斯所點出，惡意的強定義，也就是明知自傷也要傷人，其實有助於我們把惡意與其他的敵意或施虐行為區分開來。

確實，想理解惡意是什麼，一個不錯的辦法是去看看它**不**是什麼。從自身行動的利弊得失出發，我們有四種基本方式可以與人互動。[4]其中兩種行為模式會直接帶給我們好處。我們的行動可以使自身跟他人雙贏（合作），可以圖利自己但無益於他人（自利）。第三種行為模式是有損於己但有助於他人，這叫利他。合作、自利與利他都有學者窮盡一生之力去研究，但這之外其實還有第四種行為——惡意，也就是同時傷害到自己跟別人。這種行為始終難見天日，但將之遺留在黑暗中並不是一種很安全的做法。我們必須要設法為其引入光明。

惡意並不好解釋，因為其存在構成了演化上的謎團。這種沒人是贏家的行為，為什麼沒有在天擇的過程中被篩選掉？惡意從一開始，就不該在演化的過程中留存下來。某些惡意若能為人帶來長遠的好處，那它的持續存在就還說得通。但是那些長期而言也無益於人的惡意行為呢？我們能怎麼解釋呢？甚至我們要問，這種行為真的存在嗎？

同時被惡意搞得一個頭兩個大的，還有經濟學家。哪種人會搬石頭砸自己的腳，跟自己的利益對著幹？有很長很長一段時間，經濟學家都不覺得這是什麼需要解釋的問題。知名的十八世紀經濟學者亞當斯密宣稱，人「不會太常受到（惡意的）影響」，且即便真的受到影響，也會「謹言慎行而有所節制」。[5]過了很久很久之後到了一九七〇年代，美國經濟學者戈登．圖洛克（Gordon Tullock）宣稱，大約有九成五的人是自私的。[6]在「貪婪是美德」的一九八〇年代，許多人恐怕會覺得這是一個被低估的數字。

在經濟學者眼中，人類是一種名為「經濟人」（home economcus）的動物。而既然是經濟動物，就代表人類會透過理性的行為最大化自身的利益。自利雖然不是百分百的財務概念，但確實經常被人從金錢的角度去理解。[7]但一如我會在第一章討論到的，早在一九七七年就有一篇劃時代的研究，發現了人經常挺樂於對免費的金錢說不。亞當斯密認為人都會理性自利的這個想法，應該是太樂觀了，圖洛克那九成五以外的百分比裡，恐怕潛伏著某種非常真實且非常強大的東西。

惡意牽涉到傷害，但傷害的內涵又是什麼呢？誰有權力決定一項行為具不具有傷害性，能不能被用來定義一項行為是惡意？舉一個極端的例子：自殺炸彈客如果認為他們會在來世得到回饋，而他們的家人則會在這一世就獲得安頓，這樣他們還算是在傷害自己嗎？演化生物學者對何謂傷害有比較客觀的標準，那就是所謂的「適應性」（繁殖能力）的損失。我們會在第四章討論到這種「演化上的惡意」，也就是造成個體適應性有損的惡意行為。而相對於此，經濟學者與心理學者比較重視「眼前虧」，也就是造成立即性個人損失的傷害。這種「心理上的惡意」，意外地擁有為個體造就長期性利益的潛力。這種惡意會愈陳愈香，慢慢熟成為一種自利。

在「什麼是惡意？」有了令人滿意的決定後，我們還得面對兩個問題。第一，是什麼動機促成人在當下做出惡意的行為？也就是惡意運作的機制為何？惡意在演化上的「近因」（proximate explanation）是什麼？第二，我們懷抱惡意的深層理由為何？惡意何以存在？其在演化上有什麼功能？惡意的演化「遠因」（ultimate explanation）是什麼？舉一個其他領域的例子——嬰兒為什麼哭？其近因可能是冷或餓，但其遠因則是要獲得雙親的照顧。[8] 按照這個標準，惡意的近因跟遠因又各是什麼？

確立了惡意的遠因之後，我們便可以開始去思考一個迫切的問題：惡意如何形塑現代社會？對糖分與脂肪的偏愛，推動我們的祖先攝取高能量的食物，進而撐過了遠古的寒冬。但在今天充斥著高糖高油廉價食品的西方世界裡，曾經的演化適應反而會導致我們罹患糖尿病與心臟病。那我們從演化中得到的古老惡意，一旦撞上了一個不符合它「使用說明」的現代世界，又會發生什麼事情呢？在如今這個不論是經濟上的貧富差距、對於不公不義的認知，還有社群媒體促成的全新溝通模式，都不曾出現在我們祖先面前的全新世界裡，他們遺傳給我們的惡意會產生什麼樣的效應呢？

這個問題之所以迫切，是因為惡意似乎不光是一般的危險而已。從某個角度看，惡意之於人類就有點像氪星石之於超人。惡意就其定義而言，跟合作正好是兩個極端。這讓人憂心忡忡，因為「合作」正是人類一族的「超能力」。我們作為一個物種的成功，必須歸功於我們卓越的合作能力。雖說卑賤至像黏菌都會合作[9]，但將合作發揚光大的終究是我們。因為懂得合作，我們才得以跟非親非故的人大規模地群居[10]，這一點是我們較不具合作精神的靈長類親戚所做不到的。[11]大規模群居讓我們暫且不用擔心《決戰猩球》的情節會在地球真實上演，但除了被其他靈長類反客為主以外，我們還有很多其他的事情要擔心。如果惡意會破壞合作，那不光是人類的文明進步會受阻，就連我們解決複雜性全球問題的能力都會被削弱。[12]這世界目前正在一天天變好[13]，但進步並不是誰可以保證的事情。

惡意可以讓人冷汗直流。畢竟還有什麼比連自利的枷鎖都拆掉的敵人，更讓人害怕呢？自私自利不是傳統上的好事，但起碼面對一個自私的人，我們可以在利益的基礎上與之理論。但如果今天面對的是一個不顧自身福祉，就是要看你受苦的人，你還能說什麼呢？這樣的人就像是電影裡的魔鬼終結者一樣。終結者不跟你討價還價，不可理喻，不殺死你或至少讓你不構成威脅之前，他們不會為了任何理由暫停。不幸的是，魔鬼終結者雖是科幻電影，但這種生物也可能出現在電影院外。

二次世界大戰接近尾聲，德國與俄國陷入激烈交戰。火車數量有限的希特勒因此必須在送猶太人去集中營，與送錙重與補給到前線之間有所取捨。[14]希特勒選擇了猶太人大屠殺。他不惜寧冒讓德國毀滅的危險，也要讓猶太人滅絕。惡意的恐怖就是這麼無邊無界。

惡意造成的危險是明確的，也是很駭人的。我們必須對其有所理解，才能對其有所控制。為了做到這一點，我們只能硬著頭皮去細看惡意。而當我們湊近一瞧，我們會看到另一樣東西冒出來。而這樣的發現，會迫使我們重新思考自己是不是誤會了惡意。美國哲學家約翰．羅爾斯（John Rawls）主張道德上的美德是我們應該理性希望他人擁有的人格特質。[15] 惡意，他宣稱，不是我們應該希望其他人擁有的東西，由此它是一種「有損於眾人」的罪惡。但真相真是如此嗎？當我們靠近惡意去觀察，我們會看到有些東西似乎不太一樣。

原來，惡意可以是一股正面的力量。它可以幫助我們出類拔萃，可以幫助我們創新，而且它還不見得會威脅到人類的合作。事實上，很弔詭地，惡意反而能催生出合作。惡意並非必然會造成不公義，它甚至可能是我們用來避免不公義的利器。只要不公義、不公平與不平等一天沒在地球上絕跡，我們就永遠有可能用得上惡意。

《舊約聖經》的以西結書裡，提到了這位先知在三十歲那年體驗到的一幕異象。那當中有火，火中走出了一隻有著四面的生物，每面各有一張臉：人類、獅子、牛與老鷹。人類的天性，就像以西結所見異象中的生物一樣奇形怪狀。我們面對世界也有四張臉：自私、利他、合作與惡意。我們也有很多面向，這樣的我們既非天使，也不是惡魔。要了解自我，我們必須去理解自身的每一個部分，而不能只偏廢於某一部分。我們是有著適應能力的人猿，身懷一組獨特的行為。我們會使出哪一種行為來收穫益處，取決於我們面對的處境。惡意不是我們靈魂上的黑暗汙點，而是靈魂的一部分。就像以西結所見異象中的生物，我們的各面向同樣相互連結。事情不是我們有黑暗面也有光明面那麼簡單，我們的黑暗面也可能創造光明。我們必須準備好在罪惡中尋找美德的根源。

第一章　最後通牒

西德一九七七年的秋天，是一個屬於最後通牒的秋天。誕生於恐怖二戰後的新一代德國人，已經長大成人。他們是戰後出生的「後生」（Nachgeborenen）世代。雖然在父母親的罪行陰影下被撫養長大，但第三帝國的暴行罪不及他們。即便如此，他們還是感覺到自己身上帶著汙點。在身邊看到納粹的殘跡，令他們驚駭莫名。對他們當中的某些人來說，叛逆不能只是嘴上說說，而必須化為行動。他們問道：面對那些創造出奧許維茲集中營的人，你能跟他們講什麼道理？就是在這樣的情緒中，誕生了一個叫做「紅軍派」（Baader-Meinhof），其宗旨在於推翻資本主義、帝國主義與法西斯主義的左翼極端組織。到最後，紅軍派就像拿機關槍去把鑊釜中的馬克思主義跟年輕人攪和在一起一樣，得到了同一個結果：鮮血。

一九七七年九月五日晚間，紅軍派若干成員推著藍色嬰兒車來到科隆市一條靜謐的馬路中間。一輛氣派的賓士彎過轉角，賓士後座的乘客——漢斯-馬丁・史列耶爾（Hanns-

Martin Schleyer）——二戰時期的黨衛軍軍官，如今搖身一變成為極具分量的西德實業家。看見嬰兒車，史列耶爾的司機緊急煞車。護送的警車從賓士的車尾撞了下去。紅軍派一擁而上。

其中一名成員手持黑克勒－科赫（Heckler and Koch）半自動步槍，爬上了警車的引擎蓋，對著腳下的人跟車射光了子彈。等槍聲一落，三名警員跟史列耶爾的駕駛已經沒了生息。但史列耶爾還活著。紅軍派把他抓起來，並對西德政府發布了最後通牒。幾名第一代的紅軍派元老正在監獄中垂垂老矣，服著無期徒刑。紅軍派聲言要政府放人，否則就要把史列耶爾處決。此時隨著政府以拖待變，情勢變得愈來愈危殆。

一九七七年十月十三日，也就是事發的五週後，解放巴勒斯坦人民陣線（簡稱「人陣」，為組成巴勒斯坦解放組織的八支游擊隊之一）脅持了漢莎航空一八一號班機。人陣與紅軍派過從甚密。他們曾一起在約旦的巴勒斯坦訓練營中爬過沙地。最終劫機者迫使機師降落在索馬利亞的摩加迪休。然後劫機者也發出了他們的最後通牒：按我們的要求去做，包括釋放我們的紅軍派同志，否則八十逾名乘客、機組組員，還有史列耶爾都得死。

十月十八日，事態有了發展。西德政府派出了他們屬於菁英的德國聯邦警察第九國境守備隊（GSG 9）到索馬利亞。西德成立這支反恐突擊隊，是在一九七二年的慕尼黑（夏季奧運）事件後，那是一起有許多以色列運動員不幸喪生的恐怖攻擊。凌晨兩點，索馬利亞的士兵先在飛機前的跑道上點起了火，等劫匪進到駕駛艙想看個究竟時，GSG 9的隊員就趁機對飛機發動了攻堅。七分鐘不到，他們就消除了劫匪的威脅，救出了所有的人質，而且全數都沒有大礙。

同一天早上七點鐘在德國這邊，斯達姆海姆監獄（Stammheim Prison）的獄警開始例行的巡查。紅軍派最後通牒失敗的消息，已經傳入了其服刑中的成員耳裡。獄警前去確認檢視的第一名紅軍派受刑人，是楊－卡爾・拉斯帕（Jan-Carl Raspe）。他們發現他坐在囚間裡，頭上有一處彈孔。拉斯帕會在幾小時後不治。懷疑這當中有什麼串連的獄警立刻趕赴就在附近，安德利亞・巴德（Andreas Baader）的牢房。

巴德是紅軍派的創始成員，紅軍派德文名稱的前半部就是他的名字。年輕時的他並不是個會讀馬克思的人，也不是個會讀毛澤東的人。我們甚至不清楚他是不是個會閱讀的人。[1]有時間他寧可去飆車或玩女人。他對國家政局的分析是，那是個「拉滿屎的屎坑」。在他被關押的期間，著名的法國哲學家尚－保羅・沙特（Jean-Paul Sartre）曾去探監。「渾蛋」，是沙特給他的評價。巴德面對權威始終不是個聽話的人。兒時母親帶他去湖邊划船，並提醒他要小心，結果他跳進了湖裡[2]；青少年時，他假裝是肺癌病人來博取同情；長大之後他炸東西、燒東西，殺人害命。

在獄中，紅軍派的成員用起了出自小說《白鯨記》（*Moby-Dick*）的代號。巴德就是書中的捕鯨船長亞哈（Ahab）。就在那個十月早晨，獄警進入巴德牢房後，他們看到亞哈躺在地上，已然身亡，他的頭靠在一灘血泊中。驗屍發現他死於後頸的槍傷。

獄警直奔的下一站是巴德愛人古德蘭．安斯林（Gudrun Ensslin）的牢房。她是牧師的女兒出身，但她可不是被打了左臉，會轉過右臉也讓你打的淑女。對她而言，以暴制暴是唯一的標準答案。黑暗之中的安斯林看似站著並望向窗外。但等獄警湊近一瞧，才發現她的腳懸在空中。她已經懸梁自盡。紅軍派的第四名成員，愛姆佳德．穆勒（Irmgard Möller）在床上被發現胸口有多處刀傷，但她最終將保住一命。

這些死訊一傳到挾持史列耶爾的紅軍派成員耳裡，他們便一槍打在了這名人質的頭上。警方隔天發現史列耶爾的遺體被塞進一輛綠色奧迪的後車廂。德國一九七七年的多事之秋，就此畫下了句點。

關押中的紅軍派成員是怎麼死的，各種理論傳得沸沸揚揚。[3] 官方的解釋是他們說好了要一起尋短，而所有的傷口都是他們自行加諸己身。同時也有人表示他們刻意讓自身的死法看似是政府殺了他們，以便給政府安上一個獨裁的罪名，激起更多人想顛覆國家的情緒。

若真如此，那麼巴德的代號「亞哈」就再適切也不過了。在赫曼．梅爾維爾（Herman Melville）的這部小說裡，亞哈船長是如此專注於摧毀那頭與書同名的白鯨，就算是要在過程中抹滅了自己、他的船，還有他的船員也在所不惜。如果紅軍派的受刑人真的為了抹黑西德政府而自戕，那這種行為只能用一個名詞去形容，就像我們也只能用一個名詞去形容亞哈船長的做法。這個字，就是惡意。

出於一種驚人的巧合，關於惡意的研究基礎也在一九七七年的秋天，於德國奠定下來。[4] 甚至於這研究也發生在紅軍派綁架史列耶爾的同一個城市。此一研究的設計會呼應那年秋天的事件，專注於人會如何回應最後通牒。這個世界會因此認識了所謂的「最後通牒賽局」（Ultimatum Game），而這個賽局理論將會改變我們對於自己是何種生物的理解。即便過了四十年，此一賽局的結果依舊能讓我們針對人性有如多面怪獸般的雜亂，有更深入的了解。

惡意瀰漫在我們的日常體驗中。設身處地思考一下這些處境，屬於你會做的事情有幾樣？

1. 如果我正要從一位難求的停車場駛離，而剛好有人不耐煩地想停進我的位置，那我就會故意慢慢來，讓人等就是爽。
2. 我會把票投給我其實並不喜歡的候選人，只為了讓另外一個人無法當選，即便我知道我投票的對象會傷害我跟我的國家。
3. 爸媽愈是要我出門不可以邋裡邋遢，我就更要把自己弄得蓬頭垢面，就算讓自己在朋友前丟臉也無所謂。
4. 為了讓房裡的其他人不舒服，我寧可陪他們一起發抖也不開暖氣。
5. 我會志願加班，好把其他同事一起拖下水。
6. 遇到後車跟太緊，我會故意點煞來嚇嚇對方，即便那樣也會讓我自身陷入危險。

7. 另一半惹我生氣，我會故意讓晚餐燒焦，大家都沒得吃。
8. 我會為了讓鄰居看了不爽而故意把雜草留在自家花園裡不鋤。
9. 我會寧可看著討厭的同事失敗，就算公司少賺錢，大家年終縮水也無妨。
10. 我會在排隊結帳時慢慢來，不為什麼，只為了拖後面排隊者的時間。

二〇一四年，華盛頓州立大學的大衛．馬可斯（David Marcus）對社會大眾問出了這類問題。這是第一次有人嘗試用問卷來量化惡意。他們發現每一題的敘述都有百分之五到十的人同意。[5]

當然，問卷只能問到人們說他們會怎麼做，而無法確認他們真正會怎麼做。真正在現實中遇到問卷中的場面，他們仍有可能產生與所說大相逕庭的行為模式。言行不一這點在心理學的研究當中，是長久以來的隱憂。早在一九三〇年代，史丹佛大學的一名學者，理查．拉皮耶（Richard LaPiere）就曾觀察到人會把種族歧視的言論掛在嘴上，卻不會在真正遇到異族時說到做到。說不定你家裡就有這種平常脫口而出就是一堆歧視言語的長輩，讓在一旁聽著的你感覺渾身不對勁，但他們在真正跟其他種族人士互動時，卻又只是個和藹的長者。拉皮耶覺得這可能是常態而非例外。他得以測試這個假設的真偽，是因為他曾有兩年時間與一對年輕華人夫妻雲遊美國各地。

在那個年代，華人在美國面對著廣泛的歧視。當拉皮耶與華人夫妻抵達下榻的飯店或用餐的餐廳時，他會假裝被行李拖住而讓華人夫妻先行，然後趁機觀察飯店與餐廳老闆的表現。在駕車橫越美國的萬里行程中，他們一共造訪了一百八十四家餐廳，沒有一次被拒絕服務。至於在三人表示要住宿的六十六家旅店中，只有一家趕他們走，而且這唯一一家不收他們的旅店，老闆是這麼說的：「我不收**日本佬**。」六個月後，拉皮耶寄了問卷給這些餐廳與飯店，問他們會不會服務或接受華裔客人，結果九成以上說他們不會。[6]人說自己會怎麼做，跟他們真正會怎麼做，可以天差地遠，而以此例而言，我們應該要感謝上天。

但話說回來，一項針對惡意行為進行的研究，發現了與馬可斯教授之問卷調查類似的結果。這項研究利用了人類行為的運作方式。假設你看到eBay上有人在某平面電視的競標上以五十美元的出價領先，而你心想這人的預算上限應該是兩百美元，於是雖然對電視沒有興趣，但你還是丟了一個一百美元出去，只為了把別人的出價拉高。原本的領先者很自然地，重新出了個一百一十美元的價格。你思索了一會兒。你有辦法讓他們再多付一點錢嗎？你決定出價一百五十美元。對方這次沒有反應。你的心開始怦怦地跳，額頭上開始結出汗珠。喔喔，你心想，難道我要得標了嗎？此時第三名競標者丟了個一百六十美元出來。你往椅背上一攤，恢復了屏住的呼吸，心想別再玩火了。你剛剛的行為很惡劣，但所幸能全身而退。你會好奇起自己到底是哪根筋不對，怎麼會做這麼無聊的事情？我為什麼要浪費時間，又差點花了不該花的錢，只為了不讓素昧平生，將來也不會見面的人占到我一個芝麻綠豆大的便宜？對了，為免你誤會，這不是我的親身經驗喔。你要是這麼想就太過分了。我下標的才不是電視，是花瓶。

讓個人想掩面的小奸小惡暫且擱在一旁。在二〇一二年，經濟學者艾瑞克．金布羅（Erik Kimbrough）與菲利浦．萊斯（J. Philipp Reiss）研究了惡意下標在拍賣中發生的頻率高低。他們設定了一筆拍賣規定如下：第一名（得標者）要付的價格，會是第二名的出價。這樣的安排，讓第二高的出價者有了安心使壞的空間，他們可以盡量把價格衝高，但又不用擔心自己會不小心得標。

學者發現有三分之一的人，會盡量在出價上展現最大的惡意。[7]這可以說是滿滿的惡意了。但也有另外三分之一的人在大部分的出價裡，沒有表現出一絲惡意。也就是說，大部分的人要麼完全沒惡意，要麼就是把惡意額度刷爆。惡意不僅似乎集中在特定的人身上，而且還經常是一種「全或無」的現象。這就是為什麼你說剛剛那十種壞心眼你完全看不懂，我會相信你。當然，要是你真這麼說，我也會懷疑你是不是放假都在「扶老太太過馬路」的那種人。在第二章，我們會討論到我這樣抹黑你的善良，是出於哪些演化上的緣由。

在這個拍賣實驗裡，參與者可以毫無代價地去給人添麻煩。頂了天，他們也就是浪費了一點時間跟精力去研究要如何增加開價。但不論怎麼算，此間的惡意都是很廉價的。那如果你必須要拿一點誠意出來，才能惡意競標的話，情況又會如何呢？如果惡意有價，如果要人掏出白花花的鈔票才能使壞，惡意會消失嗎？

要回答這個問題，我們可以去看另一個能贏到真錢的賽局。在這個賽局裡，選擇為惡是要付費的。這個一九七七年秋天誕生於德國科隆的「最後通牒賽局」，是個簡單但又極具影響力的發明。通常在學術界，哪怕只有一個人對你的研究感興趣，你就很開心了。那你知道原始「最後通牒賽局」研究的引用數是多少嗎？不下五千。直到今天，最後通牒賽局都仍被用來研究人的惡意。不論是在美國的實驗室裡，還是在婆羅洲的一塊空地上，都多半有某人在某處玩著這個賽局。

在一九七七年秋，德國發生暴力慘劇的同時，三十三歲的維爾納・古斯（Werner Güth）來到了科隆大學接下了新的教授職位。賽局理論學者們都殷切期待由他來研究人的行為，並給他**一千德國馬克**的經費來做這件事。古斯設計的賽局，起源於他兒時的經驗。[8]古斯有一名兄弟，而這天他們兄弟倆要共享一塊蛋糕。一個人負責切，另一人負責分。理論上這會讓兩兄弟裡負責切的人去追求公平，盡量把兩塊切得一樣大。但在實務上，兄弟照舊鬩牆。受到這次經驗的啟發，古斯創造出了最後通牒賽局，而這賽局也同樣點燃了許多爭議。

最後通牒賽局的架構是這樣的：你要跟在隔壁房間的人玩一個遊戲，而你被告知對方從主辦單位領到了，嗯，比方說十塊錢，並且要以某種比例跟你分這十塊錢。接下來，你有兩個選擇。如果你選擇接受對方的分法，那對方給的錢就可以歸你，剩下的錢則歸隔壁的玩家。當然你還有另外一個選擇。如果你拒絕對方分錢給你，那你跟對方就一毛錢也拿不到。這遊戲只玩一次，所以對方的提案是不折不扣的「最後通牒」：要麼拿錢，要麼再見。

假設你是第一個玩家，並收到了對方要跟你二八分帳的提議，也就是對方可以得到八塊，而你只能得到兩塊。你會接受嗎？我現在說的是實打實的真鈔，不是大富翁裡的玩具錢。

你會怎麼想呢？合理推測你的沙盤推演會是這樣：「嗯，他們其實連一毛錢都不用給我，給我兩塊算是很好的了。我就收下吧。」或是這樣：「這太不公平了，但兩塊總比什麼都沒有好。我就收下吧。」再不然就會是這樣：「這太不公平了。我要拒絕，因為這種人不教訓一下不行。」甚至你的想法會是：「喔，所以你覺得你身價比我高就是了？嗯，那就跟你的八塊說再見吧，老兄，花兩塊錢壞你的好事，值得。」

那專家覺得受試者會怎麼想呢？經濟學者與數學家認為只要能分到的錢不是零，第一個人都會照單全收。經濟學者眼中的玩家是「經濟人」，意思是他或她會盡可能放大自身收益。這種經濟動物在物質性自利的驅使下，會不拿白不拿，而不會把送上門的錢往外推。畢竟再少的進帳都勝過零元。

但古斯團隊看到的，並不是這樣的結果。很多時候，人都會做出不符合物質自利最大化的行為。不勞而獲的金額如果太少，很容易被人婉拒。今天我們已確立了的一點是，約半數人不接受「人八己二」的分配。[9]這些人（或許也包括你）對送上門的錢說不，顯示的是他們寧願大家一起口袋空空，也不要自己喝湯別人吃肉。

古斯一把研究發現對外公布，經濟學者普遍有兩種反應。一種是問道「這些科隆大學的學生傻了嗎？」第二種是納悶古斯是不是沒把研究做對。[10]只要是在狀況內，誰都不會有錢不拿吧？某些只拿出很低比例的錢要分享的人，也在被隔壁拒絕後覺得百思不得其解。其中一人更很不滿地抱怨說，「這些笨蛋害我沒拿到錢！就算少了點，錢就是錢，怎麼會有人這麼不知好歹？他們根本沒搞懂這遊戲的玩法！」[11]但即便如此，各國學者的研究結果都與古斯相似。

兩年後，在科隆西邊六千公里處，另一個研究團隊獨立構思出了一種最後通牒賽局的概念。這群人當中包括丹尼爾・康納曼（Daniel Kahneman），日後的諾貝爾經濟獎得主。他們發現了跟古斯相同的結果與模式。他們驚訝的是受試者對小錢那種「不食嗟來食」的拒絕態度，是如何與經濟理論相衝突。「那代表的，完全是一種恨意，是一種願意付出代價去懲罰對方的心情。」康納曼評論道。他補充，真正令人納悶的，是經濟人的概念竟能「成立數百年都屹立不搖，直到突然有人說了一句『大家看，國王沒穿衣服』」。而且那反例的背後竟是那麼無聊的動機。[12]

持平而論，經濟學者們對於受試者在最後通牒賽局中的行為模式預測，其實完全正確。他們只是搞錯了這些行為會發生在哪一種動物的身上。不論紅軍派囚犯在監獄自戕的真相為何，我們都能起碼想出一套心懷惡意自殺的說法。但這種說法對於我們在基因上最近的近親而言，會極度難以理解。當然啦，黑猩猩對人類上世紀七〇年代的西德政局應該沒多大興趣，而且牠們認識的英文單字也寥寥無幾，但比起這些，真正阻礙牠們理解紅軍派自殺惡意的潛在根本原因，在於惡意不會是黑猩猩的行事動機。

黑猩猩會對傷害自己的同類進行反擊[13]，但牠們不會付出代價去抗議「分贓不均」。[14]贈與不分大小，黑猩猩都會接受。人類的另外一支近親倭黑猩猩也有相同的反應。[15]相對之下，香蕉不論是一種比喻還是真正的水果，被人類扔回去的機率就高多了。[16]

不可否認地，經濟學者對人在最後通牒賽局中的反應預測，確實很接近某群西方人的行為模式。這群人會比常人更可能在最後通牒賽局中接受小錢。[17]但這群人都是些怪人。他們似乎不太能掌握「公平」這個核心的概念。學者去問了這群人一個問題，那就是在一場經濟賽局裡，公平合理的分成是多少？結果有三分之一的他們要麼拒答，要麼給出了複雜而費解的回答。這群人也只有一般人一半的機率會表示他們在決策時關心公平性的問題。研究這個奇怪族群的學者有個結論，那就是「『公平』的意義在這個脈絡下，似乎讓這個族群無法理解。」[18]這群人捐款做公益的機率比一般人低，而這或許跟他們在其漫長且昂貴的養成過程中所接觸到的怪異觀念有關。[19]我想給了這麼多提示，聰明如各位應該已經猜到這群人是誰了吧。沒錯，我說的就是經濟學家。[20]

除了一九七〇年代的經濟學家懂黑猩猩甚於他們懂人類之外，我們還能從以上種種得出什麼心得呢？在接受最後通牒賽局的結果之前，我們必須思考那些結果是否表裡如一。它們看似顯示了有為數眾多的人會依據惡意行事。但或許人們拒絕那點錢，只是因為那金額實在是太微不足道。我們確實可能拒絕十塊美元的一成，畢竟一塊美元能買什麼？但如果是一百美元的一成呢？十塊美元夠人吃頓晚餐了。

為了回答這個問題，美國經濟學者伊莉莎白．霍夫曼（Elizabeth Hoffman）偕同事砸下了五千美元來進行最後通牒賽局。每場賽局裡，受試學子要思考如何與同學分享的真錢金額是一百美元。[21]這關係到的可是一片片油膩膩、香噴噴的披薩。按照最後通牒賽局的慣例，每位同學還是只有一次決定的機會。各位可以想像你是隔壁房間的受試者，你覺得同學分你多少錢你會接受？十塊錢成嗎？三十塊呢？

霍夫曼團隊發現天上掉下來的十塊錢，並不足以讓人放棄惡意的行為。在有機會從一百元中分到十塊錢的受試者中，百分之七十五的人拒絕了邀約。事實上即便是有三十塊可拿，還是有近半的受試者說不。其中一名出價三十元的學生甚至在邀請的紙條上對同學心戰喊話，意思是當烈士沒有意思，畢竟這絕對會是他們賺過最輕鬆的零用錢。但這些話並沒有產生效果。隔壁的同學還是悍然拒絕招降，並用同一張紙嗆了回去。「貪婪正把這個國家推向地獄，」上頭寫道，「歡迎光臨並付出代價吧。」[22]

不服氣的你可能會說，三十美元也不是什麼大錢。那跟你說個好消息，我們這裡還有個在印尼學子之間進行的最後通牒賽局。[23]這次要分的金額相當於當地普通大學生平均月開銷的三倍。想想你一個月都花多少錢，乘以三，然後捫心自問你能不能對那金額的哪怕是一成說不？一部分印尼學生還是這麼做了。大約十分之一的學生婉拒了隔壁同學大約一到兩成的分成，而那可不是一筆小錢。

在就此下結論說，這告訴了我們一項很重要的人性之前，且讓我們先再考慮一下另一支反對的意見。也許最後通牒賽局中的惡意行為，僅限於來自所謂WEIRD社會中的人群（WEIRD不是「奇怪」的意思，而是西方、受過教育、工業化、富裕、民主這五個形容詞的字首縮寫）。[24]一系列重要研究在人類學者喬瑟夫．漢瑞奇（Joseph Henrich）的帶領下，發現了出身不同社會的人在玩最後通牒賽局時，會有非常不一樣的行為反應。這研究始於一九九五年，當時漢瑞奇前往祕魯，讓馬奇根加族（Machiguenga）參與最後通牒賽局。[25]馬奇根加人是生活在亞馬遜盆地，離馬丘比丘不遠處的原住民。漢瑞奇很快就發現馬奇根加人面對最後通牒賽局，有著跟之前所有人都很不一樣的做法。

面對低比例的分成，拒絕的人少之又少。十個馬奇根加人獲得兩成或不到的金額分成，當中只有一個人說不。[26]「馬奇根加人只覺得有錢不拿很奇怪。」漢瑞奇回憶說。「他們不明白誰會犧牲金錢，只為了懲罰運氣比較好，可以坐在房間隔壁進行分配的人，他們覺得那樣太荒謬了。」[27]如果馬奇根加人去當經濟學家，應該很容易高分「**歐趴**」。

漢瑞奇接續把最後通牒賽局帶到另外十四個小型社會，地點包括肯亞、厄瓜多、巴拉圭與蒙古，並在二〇〇一年發表研究成果。他針對各社會的受試者如何回應低水準的分成，給出了存在極端差異的結果。[28]南美遊牧民族亞契人（Aché）在進行十元賽局的時候，拒絕兩元或以下提議的人，一個都沒有。但當居住在中央裂谷，坦尚尼亞的哈扎人（Hadza）玩這個賽局時，拒絕兩元或以下提議的人卻高達八成。雖說我們之後會講到不同文化何以內建有不同程度的惡意，但至少我們可以說惡意絕不是西方人的專利。

最後通牒賽局的結論看似難以反駁；惡意行為相當普遍。確實，惡意在我們內心蠢蠢欲動。一旦我們遭到的抑制降低了，惡意就會傾巢而出。要觀察這點有一個辦法，就是去看喝醉的人怎麼玩這種賽局。有了要做研究的正當理由，二〇一四年一群匹茲堡的研究者在酒吧外一路逗留到凌晨三點[29]，結果他們在酒吧外發現了兩件事情。首先是「您願意移駕到我的移動式實驗室來玩最後通牒賽局嗎？」這個問題，並不如它聽起來那麼詭異，因為三更半夜被這麼一問而表示OK的人，竟然多達兩百六十八人。這當中有七十七人醉得搖搖晃晃。他們用呼吸器測出的血液酒精濃度是0.08，已經符合法定的酒醉定義。第二個發現是喝醉的人比起清醒的人，前者拒絕低分成的比例較高。腦袋中的煞車失靈，會讓酒醉者釋出他們內心的惡意。

另一群學者調查了類似的問題，但選擇了一個較不至於被吐在身上的辦法。[30]這場研究的起點是一項觀察：自我控制有如一條肌肉[31]，短時間過度使用會使它倦怠。學者找來兩群人進行最後通牒賽局，但首先他們先把其中一群人的自我控制肌肉操到疲乏。一來就進行賽局的那一組有百分之四十四的人拒絕了不公平的分成，聽起來也不低，但被先操過的那一群，有百分之六十四的人拒絕。換句話說，自我控制力的低下會讓我們惡意滿滿。惡意是我們自然而然、預設的狀態。

的確，這些發現來自於人為安排的實驗室賽局。那真實世界中的惡意又是什麼模樣呢？環顧四下，我們能看到不只是輕微個人惡意的行為嗎？惡意的邊界可以推到多遠？我們可以在追逐股東權益最大化的商業世界中看到惡意嗎？惡意會現身於政壇上嗎？到了逼不得已的時候，人真的會準備好了讓惡意傾巢而出嗎？抑或自利心理仍會勝出？且讓我們去尋找惡意的蹤跡，並且從演化告訴我們衝突最易發生的事物中找起：性與繁衍。[32]

二〇一三年，艾倫．馬柯維茨（Alan Markovitz）在他前妻家隔壁買下一棟美麗的湖畔別墅。馬柯維茨的背景若用一個詞來形容，就是多采多姿。身為《上空的先知：美國最成功之紳士俱樂部創業家的真實故事》（*Topless Prophet: The True Story of America's Most Successful Gentleman's Club Entrepreneur*）[33]的作者，他歷經兩次槍擊不死，要他命的一次是脫衣舞孃，一次是警察。馬柯維茨相信前妻在離婚前就紅杏出牆，而且如今還跟與她有染的男人同居。

因此他砸下七千美元，做了一尊十二英尺（三點六六公尺）高的銅像，放在他家後門廊，還另外花了三百美元購置了探照燈，為的是確保白天晚上都看得到銅像。話說那尊正對著他前妻住處的銅像，造型是一隻人手，精確一點說，是隻伸出了一根手指的手。至於是哪根手指，大家應該猜得到吧。[34]

數千年前，希臘大哲亞里斯多德曾定義惡意是不為了自己能得到什麼，而只是為了不讓別人得到什麼而去阻礙別人的好事。[35]由此我們可以說，亞里斯多德是個被哲學耽誤了的離婚律師，因為他看得實在太透徹了。他對於惡意的定義，跟我們見過許多尖酸刻薄的分居與離異，可以說如出一轍。[36]

瀕死的關係往往是惡意的溫床。怨偶會親手毀了他們的資產，免得它們落入準前夫或前妻之手，即便那對他們自身也是一種損失。有時光是覺得另一半懷著尚未行出的惡意，這樣的想法都具有一定的殺傷力。比方說有些受虐婦女會怯於向外開口呼救，就只因為她們害怕伴侶會將她們抹黑成挾怨誣指。[37]

配偶間的惡意甚至可能致命。珂杜拉．漢納（Cordula Hahn）跟丈夫尼可拉斯．巴薩醫師（Dr. Nicholas Bartha）住在紐約上東城一棟十九世紀的四層連棟房屋。[38]對巴薩而言，那不是一棟單純的房子。他是羅馬尼亞移民出身，那棟房子象徵著他美國夢的完成。後來兩人離婚，巴薩不希望被他認為在釣金龜婿的前妻染指這棟別具意義的房子，但並不這麼看的法院令巴薩賣掉房子，以支付其前妻逾四百萬美元的贍養費。二〇〇六年七月十日，巴薩用管子把那棟建築的天然氣供應接到地下室，讓那裡充滿了瓦斯。接著「砰醫師」（Dr. Boom《紐約郵報》替巴薩取的渾名）也沒逃，就陪著房子一起炸得血肉模糊。紐約身價最高的街道上，瞬時下起了磚塊雨。巴薩被從廢墟拉出來的時候還有一口氣在，但在昏迷六天之後還是宣告不治。惡意，讓他付出了終極的代價。

夫妻失和的陪葬品，還不光是房子。無辜的孩子也可能捲入雙親惡意的駁火中，主要是在怨偶的惡鬥中，孩子偶爾會被當成武器使用。[39]有人爭取監護權不是因為捨不得孩子，而只是為了讓對方難過。[40]而這想當然耳，會對孩子的身心發展造成不良的影響。[41]

離異配偶間的惡意，甚至會引發殺嬰的暴行。在《自私的基因》（*The Selfish Gene*）一書中，生物學家理查．道金斯（Richard Dawkins）在一個女性遭到丈夫拋棄的假設脈絡下，提及了惡意。「她非常不悅於，」道金斯寫道，「那孩子身上帶著一半負心漢的基因，而她可以拋棄孩子來向他復仇。惡意本身往往是無意義的。」但顯然有些父母能在這樣的行為中找到意義，因為弒子可不是希臘神話中**美狄亞**（Medea）的專利。真要說，現代美狄亞也不都是女性。

一九九九年的六月二十日是美國的父親節。天一亮，印地安納州富蘭克林市的警方就接到報案電話，打來自朗諾與艾美·沙納巴格（Ronald／Amy Shanabarger.）夫婦的家中。[42] 前一天晚上，艾美很晚才下班回家。她設想泰勒，他們的男寶寶，應該已經睡著了，所以自己也沒去察看就直接就寢。泰勒是個健康寶寶，最近已經可以自己坐著了，而且還很喜歡用面巾跟人玩捉迷藏。「泰勒今天怎麼樣？」艾美在入睡前問了丈夫朗諾。「很好。」朗諾輕聲回答。

到了父親節一清早，艾美進到嬰兒房，結果發現的是面朝下趴在嬰兒床上，已經沒了氣息的親生骨肉。泰勒的小身體被送往印第安納大學的醫學中心進行解剖，病理科醫師判定其狀況符合嬰兒猝死症的病徵。不足一歲的嬰孩若猝死或暴斃，是可以以此當作死因的。至於真相的曝光，已經是後來的事了。

關於泰勒的生與死，推動其齒輪開始轉動的事件要從三年前說起，當時朗諾跟艾美還不是夫妻。朗諾喪父之際，艾美正偕雙親在郵輪上旅行。朗諾請艾美馬上趕回來參加她父親的喪禮，但她沒有答應。朗諾為此不太高興。他對同事說他不知道自己能不能原諒艾美。儘管如此，他還是在隔年迎娶了艾美。一九九八年的感恩節當天，泰勒出生了，但朗諾並沒有去醫院探視妻子跟新生的兒子。這顯然不太對勁。在隔年那個命運的父親節來到兩人家中的每一個人，也都注意到了這個「不對勁」。警方到達時，艾美一個人在啜泣，但朗諾的反應卻冷淡得出奇，遠遠地毫無要去安慰妻子的意思。等艾美的雙親來陪伴女兒時，朗諾送給岳丈的父親節禮物是：刀子一把。

離奇之處真正浮上檯面，是在泰勒夭折的兩天後。在親生兒子的葬禮結束後，朗諾把妻子拉到一邊。泰勒並不是自然死亡，他這麼告訴艾美。朗諾透露說當艾美在上班時，他用玻璃紙包住了泰勒的頭部。而就在泰勒窒息的同一時間，朗去做了幾件事情。這當中他吃了點東西、刷了個牙，一去就是二十分鐘。回來之後的他把玻璃紙取下，讓泰勒的臉朝下，然後自個兒去睡了。朗諾說他這麼做，是要報復艾美不願取消假期來參加父親的葬禮。朗諾為此先與艾美結婚，讓她懷孕，然後特意等到兒子出生後的第一個父親節才殺了他。最後朗諾被法官判了四十九年的有期徒刑。這個故事並非特例。人父或人母為了報復另一半而弒子的案例所在多有。[43]細節我們就不多深入了。

為了報復人除了弒子，還可以自殺。說起「惡意自殺」，確實是有這種「東西」的。[44]喬許．拉文德蘭（Joshua Ravindran）作為一名澳洲大學生，跟同住在一個屋簷下的父親非常親。旁人後來描述這對父子的關係，用上的形容詞是「特別」與「獨一無二」。人際關係被這麼形容，有時不見得是好事。喬許有天向父親表示他想搬出去，兩人因此吵得不可開交。隔天喬許發現父親吊死在繩子上。該案審判的結論是這位父親「性喜操控」，且其上吊之舉很可能是為一種「惡意行為」，單純為的是讓兒子為兩人的爭吵悔不當初。[45]

危機談判人員對懷著惡意的自我傷害行為，決計不會陌生。某談判專家曾遇過有個男人威脅要用刀自戕，以此要求把前妻帶到現場。[46]當局說服了那名前妻到場，而一看到前妻出現，那個男人說的是，「看清楚你對我做了什麼事情」，然後一刀讓自己肚破腸流。在另外一例中，某名警員去到他前女友的公寓，踹開了門，站在了前女友與其新歡的面前。那名警官高喊，「看看你幹的好事。」說話他沒有切腹，而是一槍打在自己的頭上。[47]把哲學家瑪莎．努斯鮑姆（Martha Nussbaum）筆下的話稍微改一下，我們可以這麼說：「沒有誰可以保證愛不會催生出死亡。」[48]

古斯從最後通牒賽局中發現的惡意行為，在人際關係中俯拾皆是。我上頭舉的諸多案例，在各位看來或許頂多是無法理解的瘋狂行為。確實，能用精神耗弱來成功為自身犯行辯護的，莫過於殺死親生骨肉的母親了吧。[49]再者，特例必須要從特殊的角度來理解。比方說，為了解釋惡意的殺嬰行為，我們必須援引人類性行為演化的觀點。[50]儘管如此，我們仍能針對人為何會把惡意當成行為的動機，找出各種通則。這麼一來，大型的惡意就可以被理解為日常惡意的強化版。破解了橡實，我們也就理解了橡樹。

我們可能以為在在商言商的生意世界裡，人類會把個人的恩怨放到一邊。也許在將本求利的商業界，大家會表現出夠格稱為「經濟人」的行為，永遠不背叛自身的實際利益。但是，唉，真相再度事與願違。商業對手間的惡意行為其實相當普遍。

一九五八年是曳引機在義大利大賣的一年。由此費魯奇歐（Ferruccio）作為某家義大利曳引機業者的負責人，不僅給自己添了輛法拉利，還有餘力給太太也買了一輛。然而，費魯奇歐完全不是一個駕駛技術多好的人。在第四次把法拉利的離合器給操壞之後，他決定找手下的首席曳引機計師來修車，而不自己跑一趟就在附近的法拉利原廠。技師不修還好，一修下去他發現法拉利所用的手排離合器，竟然跟他們公司用在小型曳引機上的離合器，是完全一樣的東西。[51]他把這發現如實告訴了老闆費魯奇歐，費魯奇歐當然不高興了。他之前可是花了上百倍的錢更換新的離合器。費魯奇歐氣沖沖地跑去找法拉利的同名創辦人，安佐．法拉利（Enzo Ferrari）算帳，結果兩人吵得不可開交。「你把車做得人模人樣，結果離合器竟然偷用我的東西！」費魯奇歐氣炸了。安佐．法拉利對此給了個火上澆油的回應：「你是開曳引機的農夫，你沒有資格跟我抱怨我的車，因為我的車是世界上最棒的！」[52]那一瞬間，費魯奇歐理智斷線，他決定自己的跑車自己造，他要讓法拉利看看跑車到底應該怎麼做。當然，創這種業非常冒險，所以費魯奇歐的老婆再三想把他勸退。只是費魯奇歐心意已決，說什麼也不肯抽腿。他做跑車的初衷是惡意，是報仇，但最終他跟頂著他名字的跑車公司做得還不錯就是了。喔對了，費魯奇歐是名字，他姓藍寶堅尼。

這樣出於惡意的決策，直到今日都能在商場巨擘間看見。就以無人不知，無人不曉，富可敵國的股神，華倫．巴菲特為例好了。[53]他一開始投資波克夏．海瑟威公司，是在一九六二年，當時波克夏還是一家搖搖欲墜的紡織公司，其管理層只能把旗下的紡織廠變現，然後買回自家股票。巴菲特見狀覺得有利可圖，他於是先買進波克夏的股份，等著公司賣廠後把股票賣還給他們。公司管理層徵詢了巴菲特的意見，問他願意以何種價位把股票賣回，最終雙方談好了將以每股十一點五元成交。幾週後，同一批管理層發函給巴菲特要回購股票，但開價不是每股十一點五元，而是十一點三八元。事實證明這八分之一美元的價差，讓波克夏高層付出了慘痛的代價。出爾反爾踩到了重誠信的巴菲特地雷，氣炸了的他開始大買波克夏股票，從公司派手中搶得了控制權，然後開除了那位說話不算話的經理。但一代股神自己也因為資金都卡在紡織資產上，而錯失了機會去投資其他獲利更好的產業。他自己估計長期而言，一時氣憤讓他少賺了兩千億美元（沒錯，單位就是千億）。這就是何以現在的巴菲特都建議「不論有什麼血海深仇，都不要跟錢過不去，買錯就認賠」。[54]

確實有些成功的商人可以抗拒惡意的呢喃。為此我們來說說一個巴菲特也軋上一角的例子。巴菲特發明了企業經營上的「護城河」概念，意思是大企業相對於新創公司的競爭優勢，就像護城河一樣可以保自身安泰。但伊隆．馬斯克（Elon Musk）做為一個在地球上富可敵國就算了，不久後也將在火星上富可敵國的傢伙，有不同的看法，他覺得新科技可以讓傳統的護城河形同虛設，而且還大聲說了出來，宣稱護城河的概念「很遜」。這下子換巴老不樂意了。「伊隆也許有本事在某些領域中呼風喚雨，」巴菲特說，「但我不覺得他會想跟我們在糖果生意上一較高低。」原來巴菲特也是時思糖果（See's Candies）的老闆。不甘示弱的馬斯克在推特上回嗆「我這就開家糖果公司，保證做出來的糖果『並棒叫』」，還說「我不是在開玩笑，我超級認真的」。但到了今天，你可以買到的馬斯克產品包括電動車、火箭、火焰噴射器，還有一首紀念大猩猩的饒舌歌曲[55]，但就是買不到馬斯克牌的高科技糖果。

惡意看似是私人的情緒，但它也會在團體的衝突間地牛翻身，包括企業與工會間的勞資衝突。這當中若有其中一方決定被惡意牽著鼻子走，就有人的工作跟生計會一去不回頭。[56]所以在談判當中，我們必須弄清楚什麼行動會激發惡意反應。

這麼一來就清楚了，不論於私於公，惡意都有辦法把人扒一層皮。但其實層次再拉高，惡意還可以在世界舞臺上左右事件的發展。沒錯，懷著惡意之人甚至可以把地球攪個天翻地覆。

惡意可以如魚得水在投票廂的黑暗之中。十九世紀時，法國心理學者古斯塔夫·勒龐（Gustave Le Bon）就觀察到惡意投票行為有何等的威力。勒龐宣稱造成路人甲去選出路人乙來擔任公職的，就是惡意。他主張這類選民會有這樣的投票行為，是為了「給有頭有臉的人難看，或是讓某個有權有勢，而且自己得靠他吃飯的雇主下不了臺，只因為這能讓路人哪怕只是一瞬間，也能享受到反客為主、尊卑互調的幻覺」。[57]

勒龐描述的這種惡意投票行為，並沒有與我們漸行漸遠。標準的政治學理論認為人的投票動機是為喜歡的候選人提高勝算，但二〇一四年的一份研究發現，在誰當選其實都無所謂的選民裡面，有百分之十四的人會不辭辛勞地跑去投票所，只為了用神聖的一票讓特定的候選人落選。這類選民若發現某位候選人食言而肥，那他們就會因為「賭藍」而投給其競爭對手。[58]

「賭藍選民」這個一針見血的用語，首見於二〇〇四年，紐約一份免費報的文章裡[59]，作者是馬克．埃姆斯（Mark Ames），而他認為有一項真理是左派一直無法理解的，那就是「千百萬美國選民，尤其是白人男性選民，並不投票給他們所謂的最佳利益」。埃姆斯對此的解釋是這些選民投票的動機，是讓那些比他們幸福、好看、有錢的人，日子難過一點。他們之所以投票，按照埃姆斯的說法，「是出於惡意」。

賭藍選民的行為動機在埃姆斯眼裡，並非理性的自利行為，而是用行動在抗議那些過得比較好、懂得比較多，自以為了不起想拉人一把的人。埃姆斯認為要說美國有哪一任領導人是「完美的賭藍總統」的話，非理查・尼克森（Richard Nixon）莫屬。他這個人——或說他這個總統——按埃姆斯的說法，「看起來是個壞人，說話像個壞人，而且撻伐嬉皮不遺餘力，只因為嬉皮的高潮次數也太多了吧」。在二〇〇四年，由小布希對決民主黨候選人約翰・凱瑞（John Kerry）的選戰過程中，埃姆斯曾在筆下開出一帖藥方，讓左派知道應該如何去中和這些賭藍選民。埃姆斯說左派只需要做一件事情，那就是「不要去攪動不該攪動的怒火」。相隔十二年，希拉蕊・柯林頓（Hillary Clinton）有句很出名的失言是稱川普有半數的支持者是「一籃子可憐蟲」。她這話不僅攪動了不該攪的怒火，而且攪的時候還把果汁機的蓋子給弄不見了。

惡意不只左右我們的投票意向，它還會影響官員的政策方向與我們內心的感想。就以關於所得分配的政策為例，我們可能以為遇到經濟不景氣的時候，民眾會比較青睞政府設法縮小貧富差距。但在二〇〇八年的經濟衰退時，我們卻看到民眾變得較不熱衷於政府進行所得重分配。[60]而這似乎是因為一部分人不希望看到減稅在讓他們稍微好過一點之餘，也讓社經地位更低的其他人朝他們逼近。人類在此展現的是一種「不想吊車尾」的心態。[61]

一如這種不想吊車尾的心情，不甘於看到別人排頭的心思也會導致我們產生惡意行為。比方說，假設你被國家任命為一日財政部長，一名公務員進了你的辦公室，給了你兩個選項。選項一是讓社會上的有錢人多付五成稅，由此得來的稅收會讓你得以發五百塊錢給全國每一個窮人。選項二是讓社會上的有錢人多付僅僅一成的稅，但這種低稅率會鼓勵有錢人努力工作，由此導致稅收不減反增，讓你變成能發一千元給全國的窮人。你會怎麼選擇？

二〇一七年，心理學家丹尼爾・斯尼瑟（Daniel Sznycer）與其團隊把這個兩難放到了英國、美國與印度的受測者面前。[62]大約八成五的人選擇了雙贏的選項二，也就是說，他們選擇一方面減輕富人的負擔，一方面最大化對窮人的挹注。但另外一成五的人則認定了選項一，由此展現出一種迥異於前者的考量。他們最大化了富人的稅賦，最小化了窮人領到的補貼，換句話說他們選擇了雙輸，選擇了報仇。

＊

即便你不談戀愛，不從政，也不出去上班，也不代表你能免於惡意的毒手。這是因為惡意的毀滅性及於每一個人。惡意所威脅的，是全人類的生存。尼克・伯斯特隆姆（Nick

Bostrom）作為牛津大學的一名哲學家，要我們想像一下人類發想新點子的能力，就跟隨機把球從帽子裡抽出來一樣。[63] 迄今大部分被抽出來的，都是白球，而白球代表的，是造福全人類的點子。我們也抽出過一些灰球。灰球代表的是利弊參半的點子。核分裂就是顆灰球，它同時給了我們核能跟核武。波斯特隆姆要我們當心還有第三種我們還沒看到的球，在帽子裡蠢蠢欲動。這種球一旦被抽出來，就會催生出一種可以毀滅全人類的新發明。那會是一顆黑球。

我們之所以還沒有抽到黑球，純粹是走了狗運。波斯特隆姆問道，萬一核武器的製造難度很低呢？人類歷史會不會因此改變。要是人都可以在自己的狗窩把核彈做出來呢？[64] 波斯特隆姆擔心如果黑球被抽到，那真的會有人去毀滅文明，即便他們自身也將灰飛湮滅。他稱這種人是「末世的餘孽」，而末世的餘孽會是一名充滿惡意之人。藏有惡意的物種之所以還沒自毀，只是因為大部分人都屬於**平均數**。但我們必須趁為時未晚之前，在黑球被抽到之前，搞清楚並控制住惡意。至於現在算不算太晚，真的只有天知道。

雖說惡意集中在特定人身上，但我們對惡意集中在哪些人身上所知極為有限。初步的研究發現平均而言，男性的惡意強於女性[65]，年輕人的惡意強於年長者。[66]帶有惡意者較易顯現出攻擊性，比較冷血，並比較喜歡去操控與剝削他人。[67]他們同時會在同理心、自尊、良心跟好相處等指標上，分數比較低。[68]

惡意牽涉到人格特質上的黑暗三角形：心理病態、自戀、馬基維利主義。這些黑暗屬性的特質，是一棵名為「人格黑暗因子」（Dark Factor of Personality），簡稱「D因子」之大樹的分支。[69]D因子代表的趨勢是人會抓住重視的東西（如歡愉、權力、金錢與地位），並同時忽視、接受或甚至享受那對他人造成的大小傷害。具有D因子的人給自己洗腦，用各種說法合理化自己的行為，包括他們比別人優秀，包括強欺弱是自然的，所以也是好的，包括人不自私天誅地滅，所以他們自私也是剛好而已。[70]

以上所說都讓惡意看似是一種很糟糕的東西，也或許會讓想對著惡意吐口水的各位有點等不及。但故事才剛開始而已。惡意有它貨真價實的益處。我對於最後通牒賽局的討論，是把焦點放在人收到低分成時的反應。在二〇〇〇年的《世界，沒你想的那麼糟》（*The Rational Optimist*）書中，科學作家麥特・瑞德里（Matt Ridley）把重點放在當人是決定分成高低的那一方時，他們的各種做法。[71]一般人都會做出比四成多一點點這樣相對公平的分成。[72]「慷慨，」瑞德里說，「看似來得自然。」但很多人這麼做的理由只是他們擔心對方會有惡意的反應。不夠慷慨的提議會引發惡意，進而導致他們什麼都拿不到。因為被槍指著而表現出的慷慨，還是一種自利。惡意或許不只是一種受到不平待遇而做出的反應，惡意可能是讓人得以表現出公平的真正原因。

槍在對的人手裡，或許可以拯救生命，但如果落到錯的人手裡，就會變成殺人凶器。另一項對惡意的誤解是從本質上將之視為一種問題。很顯然，惡意可以被用來為惡。但它也能經由部署而為正義出任務，或是扮演創意的輔助，這一點我們後頭會細說。只有在特定某類人的手中，惡意才有較高的可能會顯現出它有問題的一面。細究惡意地拒絕了低分成的最後通牒賽局玩家，我們會發現可將他們分成兩類人。一類使出惡意是為了追求公平，另一類則是為了壓制別人。為了理解這點差別，我們必須思考一個關乎人類，基本而有爭論的問題：我們究竟屬於哪一類？

第二章　反支配的惡意

人類究竟是熱愛追求平等的的正義動物，還是熱衷追求權力的傲慢生物，是個延燒了不知多少世紀的爭論。所有的答案都有爭議。而那是因為不論對或錯，各種答案都有其政治上的意涵。有些人認為人類的演化，就是為了要活在有上下之分的階級制度裡，這些人眼中的共產主義社會注定一敗塗地。我的看法，根據人類學者克里斯托弗．博姆（Christopher Boehm）的啟發，是我們同時演化出了追求平等與追求霸權的傾向。我們是二合一的生物，哪一種趨向勝出要看當下的世界局勢。很遺憾的是我們忘記了這一點，我們老是見樹不見林地以為自己只有其中一邊。

我們是勝利者的後裔。勝出者祖先的聲音仍迴響在我們心裡。他們督促我們要用跟他們一樣的方式回答世界，即便我們身處的環境早就跟祖先天差地遠。要增進自知，我們就必須思索祖先當年都用上了哪些策略去面對世界，而那當中又以哪些策略表現特別耀眼。要回答這個問題有個很簡單的辦法，就是挖掘。

只是雖然死人不會說謊，但他們也不會暢所欲言。好消息是關於這個難題，我們可以求助於生者。今天仍有許多民族活在我們祖先以演化去應付的近似環境中。他們就是狩獵採集的部落。這些部落就像一扇窗，可以供我們窺探人類演化的來時路。不是每個時光旅行者，都需要「全稱時間和空間相對維度」。[1]

對比距今約五萬年更新世晚期我們在解剖學上已進入現代人類範疇的祖先，現今的狩獵採集民族也面對著相似的挑戰。今天的這些部落居住在獨立的機動小團體中，每團二三十人，而他們並非全都屬於同個大家庭。[2]他們狩獵並共享殺戮得來的獸肉。博姆觀察過不下三百個這樣的原始社會，而他對於其社會結構的結論很明確：今天的狩獵採集社會是平等的。由此博姆推論在更新世晚期，「很有可能全體人類，都在這顆行星上力行著此類平等主義」。[3]

這種平等主義，具體表現出團體對想追求權力者的無法容忍。群體不會坐視有人想壓制或霸凌其他人。[4]按照在非洲過著狩獵採集生活的坤族（!Kung）一員所言，「當某個青年獵到了很多肉，他會覺得自己儼然像是部落頭目或是個『大人』，他會覺得我們其他人只是他的僕人或低他一等。」這樣的行為會讓坤族人非常不安。「我們不能接受這樣。我們拒絕有人自誇，因為這種驕傲會使他殺人。」[5]

人類學者約翰・藍干（John Wrangham）在此加入了一個重要的前提。按他所說，在小型的狩獵採集社會裡，「平等主義主要是一種對人際關係的描寫，特別是已婚男人之間的關係」。[6]男人之間可能平等相待，但這不等於他們會平等對待女性。藍干表示在以狩獵採集度日的朱侯安西（Ju/'hoansi）族人之間，平等據稱適用於全體成年人，但實際上男人動手打了女人，受到的懲罰微乎其微。論及類似的案例，藍干還觀察到同屬狩獵採集民族，坦尚尼亞的哈扎人也被描述為眾人平等，但如果今天遮蔭的地方有限，那男人會優先得以乘涼，而女人則只能去坐著曬太陽。關於女性在這些「平等」社會裡受到男性何等駭人的待遇，藍干還給出了不止於此的許多案例。

是反支配的行為，維繫了這一平等主義。狩獵採集者會設法打壓那些有權力欲的人。按博姆所說，「社會性掠食者的男性首領會進行積極且具有潛在暴力性的巡邏」。[7]狩獵採集者則甚至會殺死想霸凌或稱霸整個群體的成員。一份針對加拿大某因紐特人群體進行的研究，描述社群所面對的一種特定威脅是「那些具有攻擊性，想要什麼（如女人）就硬搶的強壯男人」。[8]這些男性「往往落得橫死的下場」，包括被自己的家人所殺。**這就是暴君的下場。**[9]

所以說，平等主義似乎是個「古老而經過演化產生的人類行為模式」。[10]擁有「沒有人可以比我拿得多而什麼事都沒有」的反支配態度，確保了食物等資源的平均分配，[11]而這也就賦予了個人在演化上的一項優勢。一如我們的支配行為可以回溯到動物界，我們的反支配行為也可以。這些行為以比人類稍不明顯一點的型式，存在於與我們最近的靈長類親戚身上。以倭黑猩猩為例，低階者偶爾會串連起來攻擊支配群體的男性首領，然後殺死他或放逐他。

但人類的反支配行為，跟我們靈長類的表兄弟有些不一樣。當黑猩猩表現出反支配的行為時，某個反抗的個體會取代原本的「男一」。但人類往往只要正義獲得伸張就滿足了，他們不見得會想要取而代之。如大衛・厄達爾（David Erdal）這名待過蘇格蘭聖安德魯大學的人類學研究者所言，「這使得人類的反支配行為顯得比較新穎，並在質化分析上與『靈長類共同祖先的政治活動』之單純延伸，有著不一樣的動機」。[12]這種新形式的反支配行為之所以能誕生，是因為人類具備其他的特殊能力。特別是我們會將事情道德化，會揮舞武器，會使用語言。

人類的道德觀會導致我們對不公平的待遇，與對想支配他人的人產生強烈的情緒反應。[13]美國心理學家強納生・海德特（Jonathan Haidt）認為我們演化出了一種特定的道德觀，它跟自由遭到侵犯有關。[14]他主張這種道德觀會演化出來，是因為人類面臨的一種挑戰是在小團體中生活，有些成員會在機會出現時嘗試支配別人。沒有體驗過這種道德情緒的人（以及如我們之後會提到，沒有準備好以惡意回應別人的人）會在演化上較居於劣勢。我們崇尚平等主義究竟是出於對公平的愛，還是出於對支配的恨，是個至關重要的問題。海德特選擇了後者。我同意。至於為什麼我們之後再繞回來說。

我們製作工具，尤其是武器的能力，也有助於我們從事反支配的行動。想用徒手殺人談何容易，要是赤手空拳殺人那麼容易，以色列就不會發明他們名為Krav Maga的近身格鬥術了。即便是我們不會用工具但體能強我們很多的親戚黑猩猩，都覺得一對一很難要「猩」命。[15]武器讓弱小的人類得以成功挑戰動物界的大塊頭。我們的殺戮能力，受益於我們對於死亡概念的了解。黑猩猩可能會重創其他黑猩猩，但讓其活命。而人類因為知道死是什麼東西，所以會設法置人於死地。[16]

即便武器有其潛在的作用，語言仍看似是讓反支配行為得以成真的關鍵因子。[17]語言讓人類小團體得以聯合起來扳倒在高位者，得以測試各種構想，得以交換各種流言蜚語。

這些讓人類小團體得以把其他想支配眾人的男性首領拉下臺，進而創造出更平等社會的獨特因子，似乎對我們的物種產生了顯著的影響。藍干認為那導致我們啟動了自我馴化。[18]沒錯，我們身為人類不僅把野狼馴化成家犬，我們似乎也把自己馴化了，意思是我們從具有攻擊性的猿猴，變成了比較冷靜、包容的猿猴。藍干支持一種「處決假說」（execution hypothesis），該假說是建立在達爾文的一項看法上，那就是「暴力與愛起衝突的人往往落得血腥的下場」。

藍干提出的看法是，較具攻擊性且企圖支配整個族群的男性，會遭到其他男性小團體的處決。而這導致的結果就是攻擊性較低的溫和男性基因會存活下來，傳給下一代。[19]在暴君型權威付之闕如的狀況下，社會規範就會進駐成為社會的無形統治者。具體而言，這些規範會化身為所謂的「親戚的暴政」而獲得施行，又或者依照藍干的說法，那可以說是「落水狗的暴政」。不遵守社會規範的人，會遭到群體的制裁。而這也說明了我們為何會有強大的從眾衝動，為何會根深柢固地想把亂來的人拉下馬來。

說起人性中有追求平等的一面，可能會讓某些人聽著有點驚訝，因為大眾文化鋪天蓋地灌輸給我們的觀念，就是人類生來就是準備過有階級組織的生活。[20]但這種觀念之所以廣為流傳，是因為它說的一點都沒錯。

社群動物面對的一個問題，就是要如何在群體生活中進行資源與伴侶的爭奪。而這其中一個常見的解決之道，就是建構出有支配性的階級制度。我們在海裡看得到階級，像淡水螯蝦與龍蝦就是兩例；我們在林中看得到階級，不信你去看狒狒跟黑猩猩；我們在空中看得到階級，比方說蝙蝠與鳥類；當然我們在陸上也能看到階級，譬如獅群與狼群。支配階級是一種古老而無所不在的東西。人類不論游到哪裡，爬到哪裡，飛到哪裡，走到哪裡，都甩不掉這種代代相傳的習慣。把我們丟到群體裡，階級出現只是幾分鐘的事情。

有支配階級，就有所謂的「啄食順序」。每個個體都知道自己處在啄食順序中的哪個位置，看到地位高於自己的人就會自動退讓。有這順序的好處是，非死即傷的衝突可以被避免掉，這對大家都有好處。

位居階級頂端，就能掌握支配能力。而考量到支配能力對交配繁殖帶來的好處，人性中很自然會有想要爭取高位的一面。在很多物種中，生理條件或能力會把個體推上階級頂端，比方說會用大角相互鬥爭的公鹿就是一例。但說起跟我們比較親近的黑猩猩，想平步青雲就不能單憑蠻力。兩隻孱弱的雄黑猩猩可以合作扳倒男一，而人類則可以在這種路線上更上一層樓，展現出所謂的「攻擊性優勢」或「社會性優勢」。[21]

攻擊性優勢較明顯的個體會我行我素，會不惜引發爭端也要得到所想，會咄咄逼人地使人不敢輕舉妄動。他們會使用馬基維利式的策略，包括詐欺與哄騙，去達到目的。相對於此，具有社會性優勢的個體會傾向於使用道理去說服人。他們自信，樂於在眾人前發言，善於啟動對話，喜歡承擔責任，而其他人也會找他們來替自己決定事情。為了學習的目的，具有社會性優勢之人會去模仿其他成功之人，而具有攻擊性優勢之人則較不會在做決定時使用他們所知的社交資訊。

人類透過演化做出許多適應，以便能在支配階級制度中生存。我們從小就能理解階級的規則。我們知道自己必須向誰尋求許可，也知道自己對誰有一份義務。我們渴望階級中的高位。的確，想往高處爬是基本的人性。[22]我們往往一句話都還沒說出口，就可以察覺到他人與我們在地位上的差異。就跟猴子一樣，我們非常在意別人的地位高低。[23]猴子會放棄甜蜜櫻桃汁的招待，只為了瞥見一眼猴群的帶頭老大。[24]要是你覺得人類不會做這種傻事，你可以去書店看看雜誌的封面。

有地位的觀念跟在意地位，都不是壞事。這有助於在下位者習得在上位者的成功祕訣。[25]所以實境秀《與卡黛珊一家同行》（*Keeping Up With the Kardashians*）不太是寓教於樂，而是寓樂於教。地位崇高者的容貌總是比較能吸引我們的注意，也比較能停留在我們的記憶裡。[26]這在演化上的意義，在於讓弱者可以較易覓得強者的庇護。[27]對地位的看重，可見於不同文化、不同性別與不同年齡的人類身上。[28]這是一個普世的現象。

我們因此是一個同時從演化手中接下了兩種面向的物種，我們既反霸權，也追求地位。厄達爾在這一點上有很精闢的說明。按他所言，我們擁有「兩種相互矛盾的秉性組合：我們想得到更多，但同時又想阻止別人得到更多；我們想支配人，又不想讓別人成為支配者……這種衝突矛盾，深深被整合在我們的心中」。[29]

由於我們兼具支配與反支配的心理面向，很顯然要問的下一個問題就是：什麼因素會影響哪一個面向占得上風？博姆主張這些因素包括人對於階級的感受，包括社會需要中央集權的程度，也包括下位者可以掌控上位者的程度。當大約一萬年前，多數人類開始定居在農業社會中，平等的狩獵採集社會就讓位給了較具階級性，由某些人來支配其他人的社會。這按照厄達爾的觀察，是因為新的環境讓我們的反支配傾向失效。[30]人類如今生活在較大的群體中，擁有私人財產，也承認了酋長或頭目的正當性。[31]儲量的增加，讓人得以用錢換得保護，讓源自反支配的反抗力量被阻卻在外。

這一切跟惡意有什麼關係？我的看法是我們演化出的支配與反支配傾向，都可以創造出符合惡意定義的行動。我們的反支配面向不樂見自己被拋在後面。它會鼓勵我們不惜付出代價去趕人下臺。它或許也知道為了明哲保身，安靜一點比較好，但它就是忍不住要叫那個大嗓門的惡霸把臭嘴閉上。我們的這一面會想把有權有勢者拉下馬來，至於自己能不能往上爬則不是重點。我稱這是反支配的惡意。人性的這一面會慫恿我們去支持能弱化階級的想法跟意識形態，比方說普世人權、多元文化，乃至於各種多元性。[32]它會拉著我們成為政治光譜上的左派。

我們想要支配人的那一面，也不樂見我們落於人後，它會希望我們居於人前。只要能換得相對優勢，想支配人的這一面就會願意付出代價去傷害別人。它會鼓勵我們在梯子上往下降一格，以換取別人也被你踩下去一格。我稱這是支配的惡意。人性的這一面會慫恿我們去支持有利於階級存在的意識形態，像是民族主義、清教徒的工作倫理，還有以自由市場為中心的自由主義。它還會要我們去抱持種族歧視、性別歧視，還有反猶太跟反移民的態度等有問題的態度，藉此讓階級制度獲得正當的地位。[33]這會拉著我們朝政治上的右派靠攏。接著，就讓我們朝這兩種類型的惡意進行深究。

最後通牒賽局讓我們看到一群按惡意行事之人。而近來學者發現，這群人又可以分為兩種非常不一樣的族群。想將這群人做出這種區分，靠的是讓他們去玩另一場遊戲。

獨裁者賽局（dictator game）就像最後通牒賽局，也牽涉到一筆金額的分配。但在獨裁者賽局中，提議者（選擇分多少錢給另一名玩家的人）有不一樣的立場。他們被告知自己不論怎麼分配，另一個人都不能拒絕他們的提案，只能咬牙接受。

由於提議者已經不再需要懼怕隔壁的惡意反應，他們的壓力就只剩下內心的道德指引。事實證明在最後通牒賽局中依惡意行事的那群人，其內心的道德羅盤會指向兩個完全不同的方向。當這些人玩起獨裁者賽局，有些人分錢會顧及公平性，有些人才不管三七二十一。[34]

我們先來看懷著合作之心公平分配的那群人。我們可以合理推測他們在最後通牒賽局中拒絕過低的分成，是因為他們感覺受到不公平的待遇。對此，我們有當事人的現身說法可以當作佐證。其中一個當事人說：「我一點也不覺得自己是懷有『惡意』之人……我只是個相信公平，也希望對方能公平的人。」[35]

冠軍摔角選手出身的經濟學者恩斯特．費爾（Ernst Fehr）認為具有公平思想的人會拒絕最後通牒賽局裡的低分成，是因為他們已經準備好要付出代價來懲罰違反社群公平標準之人。[36]費爾認為受到懲罰的人會在日後變得比較公平。而當很多人都在不同的場合下進行類似的懲罰時，整個社會就會趨於合作。[37]這麼一來，以惡意去拒絕低分成的做法，就不再是一種反社會，反而是一種有利於社會的行為了。這是一種反支配的行為，有助於維持狩獵採集社會中的平等主義。坦白說，這些人是英雄。他們是《終極警探》裡的約翰．麥克連，是《24反恐任務》裡的傑克．鮑爾，是高譚市的蝙蝠俠。

這類人的存在，啟發了「強互惠」理論的誕生。[38]互惠的意思是禮尚往來，是以德報德，以怨報怨，而互惠有兩種形式存在，一強一弱。[39]弱互惠是人只在對自己有益處的時候才去互惠，這種人只關心自身利益的最大化。他們只要念及自身也得付出代價，就不會去懲罰不懂公平的人。惡意不在他們的降龍十八掌裡。

相對於此，強互惠者會以牙還牙，以眼還眼，即便自己要付出代價也不退卻。一如美國經濟學者賀伯・金帝斯（Herbert Gintis）所解釋，強互惠者的預設性格是與人合作，而處事公平正是他們與人合作的起點。

但如果遇到不合作的人，他們也會拚著就算不利於自己，也要去懲罰對方。[40]這種人的行為模式，不符合「經濟人」的樣貌。他們不會最大化眼前的物質性自利。金帝斯與同事山謬爾・鮑爾斯（Samuel Bowles）認為這類人應該有另外一個名字，叫做「互惠人」（homo reciprocans）。[41]他們在最後通牒賽局中的惡意行為，被稱為「高成本懲罰」（costly punishment）。他們「自掏腰包」，為的是懲罰別人。

有價的懲罰者不是聖人。他們的想法不是：「我必須要挑起這個重擔，為了公益去懲戒某些人。」如果他們真的這麼想，那就代表我們應該要期待社會上公認的那些聖人，比方說活的時候就捐贈器官者，是最可能在最後通牒賽局中拒絕低分成的一群人。但事實並非如此。當有捐贈過腎的人去玩最後通牒賽局時，他們拒絕不公平分成的比率並未高於未捐腎的人。[42]

利他傾向較強，並不會讓你更想要從事高成本懲罰，但替人把門握住到是會。你愈是習於遵循社會良俗，你就愈可能在最後通牒賽局裡拒絕低分成。[43]想要符合助人規範的傾向，像是替人把門握住，是一股強大的社會力量。這股力量會鼓勵人在自私的誘惑面前，用符合社會良善觀念的方式行動。從眾的傾向，有助於解決一個名為「共有財悲劇」（tragedy of the commons）的經濟學問題。[44]

事情是這樣的。如果我們共有一塊公有的草地，而我們全都出於自利的最大化，讓各自的羊群在上頭大快朵頤，就會毀了這塊地。反之，若我們克制自己，一天只放羊幾個小時，這塊地就可以養活我們全體。你不需要把權力賦予某個中央的權威，就可以做到這一點。只要一天只能放牧幾個小時變成一種社會規範，無形的壓力就會讓多數人不得不如此。今天我們聽到從眾一詞會皺起眉頭，這倒也無可厚非。[45]但那也是人類用來受益於社會生活的一種基本手段。當我們共同接受了一種不公平之人要接受懲罰的常規，受益的是所有人。所以說針對不公平之事所進行的高成本懲罰，是一種有利於社會的規範。我們認為這是多數人的行為，我們也相信這是人應該要有的行為。[46]

當然，在要能這麼做之前，我們必須先理解何謂不公平。要理解以高成本懲罰的形式來呈現的惡意，我們必須先了解人類如何判定公平。

有些事物比金錢更重要。要是沒有什麼比金錢重要，我們就會在最後通牒中接受任何不是零的分成。正因為有些事情比錢重要，所以我們在決策時的考慮不會只有錢，至少不會只考慮自己拿到多少錢，我們還會考慮每個人拿到多少錢，因為不公平讓我們討厭。[47]

很顯然，我們不樂見自己拿得比別人少。但不那麼顯然的是——至少如果我們把人視為純粹自私的動物的話——我們也不樂見自己拿得比別人多。我們的大腦，感謝演化的幫忙，往往要比我們以為的有智慧，由此大腦會悄悄地在我們內心嘮叨，讓我們知道占便宜不一定好。大腦知道這可能會引發反支配的後座力，所以它會試著用罪惡感說服我們，讓我們不要貪這蠅頭小利。這也部分說明了何以在可以什麼都不用給的獨裁者賽局裡，多數人還是會多少給一點。[48]當然，不是每個人都這這麼做，但我們下一章再來談那些人。

是否人人都得到了平等的一份，會左右我們對於公不公平的判斷。但左右不等於決定，至少在成年人身上是這樣沒錯。隨著年齡增加，我們會意識到不平等不等於不公平，反而是不平等有時才是一種公平。身為成年人，我們會更看重行為背後的意圖。如果你跟在最後通牒賽局中的小孩說，提議者沒有選擇，一概只能從十塊中分兩塊給他們，小孩對金額的接受程度並不會變高。但知道了這一點的成年人則會比較能接受兩塊的分成[49]，因為成年人有辦法把注意力從金額本身公不公平，轉移到提議者的行事動機上。

如果提議者的意圖看似沒有惡意，那我們就比較不會用惡意去報復他們。如果他們在低分成的提議旁邊，附上一則誠摯的道歉，惡意的反應就會減少。[50]同樣地，如果他們把意圖偽裝好，得到的惡意反應也會變少。最後通牒賽局的一種變形，就是容許提議者隱藏其意圖，包括讓他們除了分成提議以外，也用個人資訊去轟炸對方。這樣的煙霧彈會讓另一邊的人難以判讀提議者的用心。而在無法釐清對方用意的狀況下，受試者也比較不會拒絕低分成的提議。[51]

同樣地，如果提議者不是存心這麼做，低分成就比較不會引發惡意。如果我告訴你，那兩塊錢的分成是電腦隨機決定的，你還會生氣嗎？很顯然你不會以為電腦會有私心吧？（除非你看了太多人工智慧萌生惡意的電影或TED Talk演說。）[52]從電腦手中接下低分成，而不是從人手中接過，會從根本上改變人的反應行為。電腦作為一種無機物，其沒有任何心眼的本質，會使你的反支配人格保持蟄伏狀態。正常來講，約七成的受試者會對低分成說不。但如果是由電腦來隨機分配低分成，那我們就會看到完全不同的反應。能接受的比例會上升到八成。[53]不是故意，就沒有惡意，就不需要報仇。

我們的文化會對何謂公平發出強烈的訊號。不同的文化針對分享有不同的常規。而這會在最後通牒賽局裡導致人在決定如何回應低分成時，產生顯著的跨文化差異。坦尚尼亞的哈扎人就很不喜歡分享。他們覺得分享無異於被容忍的偷竊行為，但強大的社會罰則逼著他們分享。哈扎人因此很熱衷於懲罰不公平的提議，在最後通牒賽局裡也表現出較高的惡意。相對之下，巴拉圭的亞契人會自由分享食物，[54]所以懲罰於他們沒有必要，他們在最後通牒賽局裡的惡意自然也低。

即便是在同一個文化裡，只要你去晃動個體對於何謂公平的期望，那他們的惡意高低也會有所改變。西方人去玩通牒賽局，內心都會預設有一個合理分成的想法。但如果你事先降低他們對於分成的期望，那他們對低分成的接受程度就會提高。[55]如果不公平變成新的常規，那眾人也會變得比較能接受。[56]想犯罪不受法律制裁，最快的辦法就是讓大家對犯罪習以為常。我不是在教壞小孩喔。

在對公不公平的判斷上，另外一個關鍵要素是「配不配」的概念。在分發有價值的財貨時，我們會思索多拿的人「配不配」拿多。如果我們的判斷是不配，那想要做出惡意反應的心情就會油然而生，不信我們可以來看看「燒錢」實驗的前因後果。[57]

在「燒錢」研究中，你會匿名與其他玩家進行下注遊戲。遊戲中你可以看見每個人在幹嘛跟他們有多少錢。你很快就會注意到電腦在讓某些玩家下比你大的注。他們似乎擁有某種不公平的優勢。等賽局結束，所有人都會剩下不同金額的錢。然後你會看到其他人收到電腦平白送的錢。他們什麼都沒有做，他們不配拿這些錢。不公平！

此時你有一個選擇機會。你可以帶著已經贏到手的錢離開，或者你可以放棄一些贏來的錢，以換取其他人也被砍掉一些獎金。用實驗的術語來說就是，你可以付費燒掉別人的錢。你會怎麼選呢？別忘了，這場賽局是匿名進行，所以你不需要擔心報復。事實證明願意付錢去看別人的不義之財減少的，比率是驚人的三分之二。換句話說，不義之財會觸發旁人的惡意反應。

這種願意花錢來摧毀他人資產的心思，是典型的人性。心理學家基斯・簡森（Keith Jensen）曾與同事在黑猩猩身上進行過動物版的燒錢實驗，結果未能發現任何惡意。[58]他們放香蕉在一號黑猩猩籠子外的桌上，但一號黑猩猩搆不到。如果一號黑猩猩不做任何反應，桌子就會在十五秒後滑到二號猩猩的籠前。一號猩猩可以選擇是否要懷著惡意去拉一條繩子。這條繩子一拉，放香蕉的桌子就會壞掉，二號猩猩就得不到牠不配得到的免費香蕉。但簡森發現一號猩猩對此不以為意。不論桌子會在十五秒後滑向二號猩猩的籠子，還是滑向一個空空如也的籠子，牠都無所謂，牠拉繩毀桌的機率都沒有起伏。認為別人不配就想去壞人好事的心理，似乎是人類的專利。

✷

我們會付出代價去懲罰不公平的情狀，是因為正義讓人爽。很爽。人腦會對能伸張正義的機會產生反應，就像我們眼前有古柯鹼可以吸，就像正義也是一種癮。掃一遍電視時間表，裡頭有多少節目在玩追求正義的哏。不要說你們，我現在一邊寫書，一邊就在背景播著藍波大開殺戒的《第一滴血》。

瑞士神經科學家多明尼克・德克爾萬（Dominique de Quervain）與同事就給我們介紹了人腦會如何對期待中的正義有所反應。[59]他們用磁振造影機掃描了一群受試者的腦部，主要是觀察在某種遊戲中，這群人會如何考慮要不要懲罰其他玩家有違公平的行為。他們的腦部活動又一次讓人聯想到吸毒者期待古柯鹼的狀態。光是期待正義降臨的喜悅，就足以讓他們興奮感直衝腦門。

但看過電影的人都知道，正義不便宜。而那種代價我們願意付嗎？德克爾萬的研究也觀察到人腦在給正義定價。兩個主要的腦部區域會在人思考要不要進行高成本懲罰的時候亮起。第一個是負責替人兼顧不同目標跟控制憤怒的「腹內側前額葉皮質」（ventromedial prefrontal cortex），第二個是負責從不同獎賞中做出抉擇的「內側眶額皮質」（medial orbitofrontal cortex）。要不要付費去懲罰人，有時並不好選。所以大腦經常用一種東西會給你提示，那種東西就叫做情緒。而這種牽涉到公不公平跟要不要為此去傷害人的衝動情緒，就叫做憤怒。[60]

憤怒是把不公義的感受轉換成惡意行動的關鍵觸媒。[61]不論是被另一半貶低的配偶、被惡整的商人還是遭背叛的選民，不公義的感受都是用名為憤怒的火柴，去點燃叫做惡意的火種。如果你在最後通牒賽局裡收到低分成的同時，腦中與憤怒有關的區域又正好亮起來，那你就很有可能會對你覺得不公平的分成說不。[62]憤怒有助於解釋許多在最後通牒賽局中與惡意有關的行為模式。比方說，我們在第一章提到過年輕人比年長者容易有惡意報復行為。這多半就是因為年輕人比長輩火氣大。[63]

我們對於不公平的情緒反應，並不僅限於憤怒生氣這一種。另一種基本的人類情緒也會被啟動。如果有人在最後通牒賽局中收到不公平的提議，他們的臉部肌肉反應會顯示出一種很明顯的厭惡[64]，大腦中與厭惡相關的區域也會亮起。[65]憤怒與厭惡的結合會創造出道德上的憤慨[66]，亦即不公平不只會激怒我們，讓我們作嘔，它還能讓我們義憤填膺。

這種基於不公平所爆發出的憤慨，會強大到讓我們即便知道付出代價也傷不了對方一根寒毛，還是義無反顧地想這麼做。學者用一種最後通牒賽局的變化型，探知了這一點。在這種賽局中，如果你拒絕了提議者的分成，那提議者還是可以得到他們給自己的那一份，只有你會失去你的分成。在這種狀況下，惡意顯得無能為力。看似符合邏輯的想法是沒有人會跟自己（即便分成不高）的錢過不去，因為拒絕分成，唯一吃虧的是你自己。但學者發現依舊有四成的人會對總共十元裡的兩元分成說不。[67]這就像我們寧可淋雨，也要站在外頭詛咒烏雲。

憤怒對於惡意的重要性，可見於那些證明降低憤怒就能降低惡意的研究裡。要降低憤怒的辦法不只一種。其一是透過化學手段。苯二氮平類的精神藥物如煩寧（Valium）與贊安諾（Xanax）都可以降低人腦神經憤怒中心——杏仁核——的活躍程度。讓最後通牒賽局的玩家攝取這些藥物，可以讓他們在收到低分成時的杏仁核活動變得和緩，也可以讓他們拒絕分成的比率降低一半。[68]如果你覺得吃藥太刻意，那一個比較自然的減怒之道會是在感到不公平時服用小劑量的「時間」。讓人在收到低分成與決定是否接受之間插入十分鐘的空檔，會讓出自惡意的拒絕反應驟降，從七成減少到兩成。[69]

可以想見，我們愈能控制自己的憤怒，就愈能控制自己的惡意行為。而要對這一點進行觀察，一個辦法是去看心率變異（heart rate variability）。人的心臟並非恆常不變的節拍器。心率變異測量的是連續心跳之間的時間間隔變化。心率變異性愈大，你就愈能控制自己的情緒。所以你不難預期，那些心律變異性較大的人，也是在最後通牒賽局中較少做出惡意回絕之人。[70]

我們也可以人為提升自己控制憤怒的能力，藉此去降低惡意。神經科學家蓋迪·吉藍（Gadi Gilam）與同事使用了一種腦部模擬技術「跨顱直流電刺激」（transcranial direct current stimulation）來讓電流通過人腦，藉此在最後通牒賽局之前，讓玩家腦部控制憤怒的區域（腹內側前額葉皮質）變得更活躍。[71] 為了確保玩家能真正氣到，學者設計了一種「氣呼呼」版本的最後通牒賽局。[72] 學者不但設計給玩家低分成，還在低分成外附帶一張挑釁的便條，上頭寫的可能是「兩塊錢，來啊，你這喪家犬！」或是「兩塊錢，要就要，不要拉倒。」但當吉藍跟同事增加了腹內側前額葉皮質的活躍程度後，受試者對低分成的感受就沒有那麼不公平了。對分成的拒絕率也從七成降至五成九。[73]

不論是借助文化、化學物質或是電流的力量，惡意都是可以控制的。

惡意的發動或許相對而言是一種自然反應，但大腦仍必須在幕後進行很多準備工作。確實，在發動惡意之前，我們必須先克服天性中的其他元素：自私與同理。

首先，儘管金額不大，我們仍必須對到手的好處說不。當在最後通牒賽局中收到低分成時，我們必須把小歸小但終歸不是零的金錢，跟吞忍不公平的成本置於天秤兩端。為了做到這點，我們必須動用腦中的成本效益分析部門——背外側前額葉皮質（dorsolateral prefrontal cortex）——來協助我們控制自身的行為。[74]這一塊的腦部活動，會阻止我們為了一點蠅頭小利就貿然行動。少了這部分的大腦來拉住我們，我們就會表現得跟黑猩猩一樣，有多少拿多少，完全沒有公不公平的想法。

我們一般都會以為前額葉皮質是大腦的理性部分，將之視為大腦中古老、情緒化跟動物性區塊的死對頭。但當我們在最後通牒賽局裡收到低分成時，我們的理性大腦就會收到指示不要去妨礙情緒，反而要讓情緒引導我們。情緒會提供我們寶貴的資訊。憤怒會推著我們去執行惡意，或許是因為那符合我們的最佳利益。

大腦的理性部分會使用由憤怒提供的情感資訊，來排除自私的動機，讓我們對可以白吃的午餐說不。我們會知道這點，得感謝有項實驗用了神經刺激，在最後通牒賽局中鎖住大腦裡的成本效益分析區（背外側前額葉皮質）。[75]

在這項研究中，受試者玩的是總金額二十元的最後通牒賽局。提議者能做出的最低分成是四元。在常規的賽局中，只有百分之九的人會接受四元的最低分成。但當玩家大腦的成本效益分析區域遭到神經刺激妨礙時，他們接受四元分成的比率就會上升到百分之四十七。[76]學者去確認了這種腦部刺激，是否以某種方式讓四元分成感覺不那麼不公平了。答案是並沒有。受試者仍認為這樣的分成很不公平，他們只是沒有選擇去為此懲罰提議者。這一次，他們克服不了晃在眼前的自利衝動。

同樣的結果，也發生在先用神經刺激鎖住人腦的成本效益分析區，再讓人去玩跟信賴有關的賽局之時。把別人的錢幹走的例子會變得比較多，因為他們抗拒不了短線的誘惑。這意味著他們無法在反覆賽局的過程中建立合作所需的信譽。擁有信譽，將使他們得以在重複的遊戲中賺到更多錢。經過神經刺激的人，仍能在被問到時表示，合作才符合他們的長線利益，但做起來卻心有餘而力不足，他們就是做不到為了長遠的合作利益，而停止為了眼前的利益作弊。這樣的研究結果解釋了何以在前額葉皮質區不如人類發達的物種身上，聲譽是非常稀有的概念[77]，也凸顯了聲譽對於人類的重要性。

我們可能會忍不住想下個結論，認為我們的神經成本分析區域——背外側前額葉皮質——是一種泛用的反自私裝置。我們可能會認為它讓我們得以抗拒想收下短線利益的自私心情，讓我們得以朝符合自身長線利益的方向去前進，就好像它攔下了我們內心的那隻黑猩猩。但現實恐怕要比這種結論複雜一點，同時也有趣很多。

想像一下大腦的這個區域只負責壓抑自私之心。果真如此，那麼用神經刺激來將其上鎖的做法應該會讓人在任何處境下，都變得更加自私。比方說若這種人被放到提議者的位置上，那他們應該會提出更低的分成才對，但事實並非如此。實際的狀況更像是背外側前額葉皮質是專門在受到不公平待遇而需要作出憤怒反應的時刻去壓抑自利。這個區塊想要的，是讓正義的怒火宣洩出來。[78]

由此將憤怒轉譯成高代價懲罰的第一道障礙，便是克服內心對於分成的渴望，不論那分成低得多麼可笑。第二道相關的障礙，則是要對正義在意到一個能趨動你去採取行動的程度。在意自身受到的不公平待遇，不見得足以產生惡意。[79]你可能自私到難以割捨分成的那點錢，但如果在意其他人受到的不公平待遇，那你就比較有可能對低分成說不。[80]那代表你無私到願意去展現惡意。

從憤怒到惡意的最後一道障礙來自我們感受他人痛苦的能力。我們都有同理心。如果你能感受到自己造成他人的痛苦，那要懲罰別人就會變得比較困難。但我們的大腦自有辦法去繞過這一點。我們可以在磁振造影的掃描中看出這點。假設你玩著一個有些對手對你公平，有些對你不公平的遊戲。[81]然後你會目睹這些對手遭到電擊的畫面。正常情況下看到他人受苦，你大腦中的痛苦中心也會被點亮。這是同理心在運作之故。然而，當你看到做事不公平的玩家被電時，你大腦中牽涉到同理心的區域，會相對於你看到行事公平的玩家被電時來得較不活躍。[82]大腦會在看到較不懂公平之人被電時調低同理心，因為大腦知道這種人需要被電，所以它會排除心中的障礙，讓人可以心無罣礙地看著人受苦。

為了繞開同理心這道阻礙，人腦還會使出較具危險性的另一招。大腦會讓行事不公平之人看起來比較「不是人」。非人化，也就是停止把其它人視為跟自己相同的人類，[83]是有著潛在致命性的觀念。這造成了「殖民者殺滅原住民有如殺滅蟲蚋，白人擁有黑人有如擁有財產」。[84]事實證明我們的大腦在處理規範違反者的面容時，會以不同於平日經手人臉的方式去運作。這點很重要，因為如果我們不把臉看成臉，我們就少了一項重要的線索去判斷眼前的物體是個人類。當我們得知有人違反了規範，我們就會在真正意義上不把他們視為全人。

賓州大學的卡翠娜．芬徹爾（Katrina Fincher）與菲利浦．泰特洛克（Philip Tetlock）在二〇一六年，發現了這種「感知性非人化」的現象。[85]他們還發現這種非人化會使人較容易去懲罰違反規範的人。芬徹爾與泰特洛克注意到實驗參與者可以「關閉」同理心來懲罰規範違反者。他們表示他們的發現甚至可以用來質疑同理心是基本人性的看法。

懷抱惡意之人，也可能從一開始就持有低於平均的同理心。我們知道惡意之人較不具能力分析出旁人的感受、想法與意圖。[86]但這或可讓他們得以用更客觀且輕鬆的方式去落實公平原則。我們或許用得上這批人。

面對不公平，大腦不僅會推著我們踏上惡意之路，它還會替我們排除一路上的障礙。但大腦是為了什麼，要推著我們踏上這條高代價的道路呢？答案取決於我們對這個問題的問法。某些學者認為高代價懲罰可以產出社會性的利益，因為這能讓所有人都降低作弊的誘因，但實施懲罰之人並不能獲得額外的好處。這意味著所有人都能從懲罰者的行動中分得一點點好處，但懲罰者本身承擔了所有成本。這裡的問題出在不論對誰而言，把懲罰交給別人去做都是最有利於自身的選擇。

要把話說得更清楚些。想像一下你排在隊伍中的第十位，而此時有個人好整以暇地插進第二位，這時所有人都需要有人跳出來當糾察隊。但當糾察隊是有風險的。插隊的人可能在懷裡揣著把刀。你也許會靜靜地站在原處，等待著有正義感的人出來說點什麼，到時候你就可以坐享少排一個人的好處，但又無須以身犯險。

所以說讓別人去當出頭鳥，是頗合邏輯的選擇。但如我們在最後通牒賽局中所見，不在少數的人都不在乎自己成為風紀股長。確實，我們每天都看得到這種場面。就以作家比爾·布萊森（Bill Bryson）講過的一個故事為例。[87]一九八七年，約翰·費洛斯（John Fallows）上倫敦一家銀行辦事。他剛排到隊伍最前面，就遇上一個叫道格拉斯·巴斯（Douglas Bath）的傢伙持槍衝進銀行，要求櫃檯行員把錢交出來。費洛斯覺得很不爽，就喝斥巴斯「滾開」到隊伍後面排隊。被嚇了一跳的巴斯就這樣夾著尾巴跑了，不久後遭到警方逮捕。隊伍中的所有人都享受到費洛斯叫準搶匪去排隊的好處，但讓費洛斯一人去承擔這麼做的潛在成本，也同樣符合所有人的利益。

我們可能會納悶像這樣的高成本懲罰行為，是如何演化出來的，因為懷有出頭鳥基因的人，照理講應該都死光了才對。那些明哲保身等著坐享其成的人，長期而言應該都活下來了才對。時間久了，其他的約翰·費洛斯應該早就被一槍打死，他們的基因也無從傳承下去。

要是我們把第三方的高成本懲罰納入考量，那場面就更令人絕望了。在最後通牒賽局裡，受試者會懲罰那些對他們不公平之人，這被稱為第二方的高成本懲罰。但想像一下你看著與你毫無瓜葛的兩個人在進行獨裁者賽局。若有機會，你會不會付出成本去懲罰那兩人當中的低分成提議者？這會被稱為第三方的高成本懲罰。在插隊的例子裡，這就相當於斥責在你身後插隊的準搶匪。[88]應該沒有人會做這種事吧？

還真的有。

一項由恩斯特．費爾主持的研究，請人觀看其他人玩獨裁者遊戲。看到最後，他們可以選擇花錢懲罰分成不公的獨裁提議者。費爾團隊發現選擇這麼做的觀察者，其比例高達驚人的六成。[89]

這樣的第三方高成本懲罰似乎是人類專屬。黑猩猩會傷害竊取他們食物的其他同類，但他們不會去懲罰竊取其他個體食物的同類，即便被竊的是他們的親戚也一樣。[90]相對之下，人類即便是小孩都會花費代價去懲罰違反規範的第三方。心理學者凱瑟琳．麥可奧立夫（Katherine McAuliffe）暨同事發現，六歲小孩會放棄部分糖果來懲罰跟其他孩子分糖不均的某個孩子。[91]讓我再強調一遍。我們對於「為了陌生人 B 受到的不公平待遇去懲罰陌生人 A」有著很強烈的執念，強到孩子們會願意割捨一部分糖果。如果這還不足以證明我們的惡意衝動有多麼強烈，那我真的沒輒了。

然而，也有學者質疑如此頻繁的第三方高成本懲罰，是源自於實驗的設計。[92]首先，只給觀察者懲罰獨裁者的單一選項，像是在暗示他們應該這麼做。這有可能人為左右了人做出懲罰的決定。第二，潛在的懲罰者知道其他賽局參與者會知道他們最終有無給出懲罰。他們會因此感覺到觀眾的存在，進而顧慮到自己在別人眼中是不是個公平之人的名聲。

心理學者艾瑞克・佩德森（Eric Pedersen）與同事嘗試處理這些問題。他們排除了觀察者應該要給出懲罰的暗示，讓懲罰變成匿名，然後重新進行了相同的實驗。結果他們發現了若干重要的差別。[93]

首先，他們發現幾乎沒人花費成本去懲罰在獨裁者賽局裡對另一名陌生人行事不公的陌生人。再者，少數這麼做的人也不像是出於對道德遭違反的憤怒而這麼做。他們的動機是羨慕。他們懲罰獨裁者不是因為他們憤怒於他們的不公行徑，而是因為他們不爽看到獨裁者得到好處。最後一點，學者發現受試者在對自身行為的預判跟實際的行為之間，存在著落差。受制者自認會因為目睹了獨裁者的不公行為而覺得憤怒並加以懲罰，但事實上如我們所見，他們一沒有生氣，二沒有自費進行懲罰。這似乎代表著在我們感覺自己應該會怎麼做跟我們實際上會怎麼做之間，存在著一條裂隙，而這也是本書後頭會有所討論的一點。

由此，實情似乎是我們自費懲罰剝削了其他陌生人的陌生人，是因為那當中有我們的好處。事實並非這些行動的好處會由全社會共享，而成本則由動手者一人承擔。相反地，懲罰者會得到他獨有的利益。

惡意就像是豔麗昆蟲身上的色彩，是生物有毒的警示，其表達的涵義是「內有怪物」。由此遭到你以惡意對待的人會設法加強與你的合作，是與你，而不是與所有人。同樣地，其他人目睹或聽聞你進行了高成本懲罰，也會意識到你不好惹，進而針對你去加強合作。[94]惡意作為一種訊號，是在告訴周遭：你不是可等閒之輩，而這對你是有好處的。

我們可以執行高成本懲罰並從中直接受益的觀念，呼應了一項甚具影響力的憤怒理論。這項理論主張憤怒的功能是改變旁人對我們的評價，讓他們未來對我們客氣一點。[95]簡單講就是你讓人知道你不爽，他們才會被迫把你當回事一點。

別人為你著想的程度，相對於他們為自己著想的程度，被稱為「福祉權衡率」（welfare tradeoff ratio）。[96]旁人會默默在心中對你設定一個這樣的比率，並在有新事件發生後進行更新。他們會用這種比率去評估該如何對待你。[97]像在最後通牒賽局中提出低分成給你，就意味著你在他們心中的福祉權衡率很低，而這時你就必須設法讓他們調高你的權重。透過用惡意去懲罰他們的低分成，就等於你給他們上了一課，讓他們知道未來要調高你的權重。簡單講就是，若是你現在不為自己挺身而出，將來就等著被人如履平地。惡意，可說是被踐踏者用來背水一戰的武器。

至於把惡意用在第三方身上，則意味著你不但不是怪物，反而是個聖人。旁人對你的評價會變高，好處也會往你的身上跑，包括當中有些是直接且具體的好處。這一點，可以在獨裁者賽局的某種變形裡看到。假設你看到獨裁者提出低分成，並自費懲罰了獨裁者，且這一行為又正好被旁人看到，那見證你「義舉」之人就會在有朝一日，當他們有能力、有機會的時候，讓你好人有好報。[98]

在現實中，鮮少有人會因為你主持了正義而直接給你回報。你的回報會表現在他們選擇你作為合作對象上。這種收穫不用仰賴他人對你的無私奉獻，而只需要他們出於自利考量，與你這個較公平的對象互動便行。[99]我們固然有想使出惡意的傾向，但自利仍舊是人類行為的強大指標。

事實證明，你只有在自費懲罰對陌生人B不公平的陌生人A時（也就是從是第三方高代價懲罰時），才能從旁人手中得到明顯的好處。自費懲罰對你自身不公平的人（第二方高成本懲罰），似乎反而是搬石頭砸自己的腳。這樣的行為不能促成合作，只會升高衝突。近期一份以懲罰跟合作為題的研究有一個言簡意賅的結論，「贏家不會懲罰誰……敗犬才會在完蛋前去懲罰人」。[100]

確實，我們一般不會因為誰懲罰了直接傷害到他們的人而去尊敬誰。我們只會覺得這些人復仇心切，而不會覺得他們是在追求公平。有句老話說，再睿智的法官也無法公正審判被行在他自身上的犯行。確實，以德報怨者才比較有機會被認為值得信任跟無私利他。[101]也就是說，懲罰那些對我們不公平的人，對我們其實不太有好處。

相對之下，自費去傷害對他人不公之人就似乎真能帶來好處。像你若自費去懲罰詐騙了你所屬團體的傢伙，而不是只懲罰詐騙你的人，那你就會被評價為是個可以信任、有團隊精神，是組織內比其他人更值得敬重的一分子。[102]我們喜歡這種人。他們不忮不求地為道德規範撐起一片天。[103]為了公益而奮不顧身者有個名字，就叫做英雄。

我們可以把第三方懲罰的高昂代價，理解為所費不貲的發訊費用。雄孔雀長出巨大的尾羽，為的是讓潛在的交配對象知道他們強壯到可以把能量揮霍在愚蠢的毛孔上。這傳遞的訊息是牠們是可靠而值得與之交配的選項。同樣地，自費的正義使者也是透過行為在昭告天下，他們有實力、重公平，所以是良好的合作伴侶。在沒有利害關係的狀況下去主持正義，真的還蠻帥的。

如果用惡意去懲罰對你不公之人，真的會把事情愈弄愈糟，那為什麼最後通牒賽局裡一堆人這麼做呢？一個理由是因為，最後通牒賽局並沒給被懲罰者還手的機會。如果試驗室裡的賽局改成被懲罰者可以報復，那他們大約有四分之一會這麼做。[104]這對進行高成本懲罰有很強的阻卻效果。

在現實世界中，人都是可以還手的，所以對虧待你的人展現惡意是很罕見的事情，至少比起我們在看過最後通牒賽局後的想像，會來得少很多。人類學者針對小型部落社會進行的研究，並未看到人用這種辦法去維繫合作。相較於此，部落民族會使用「標價」低些的另類反支配行為來達成類似的效果。他們會使用廉價的惡意。

想降低為了不公平去懲罰人的成本，有個辦法是把成本加以稀釋，像是把成本攤薄在一群人當中，就是一種做法。在小型社會中，負責把做得太過分的人殺掉的不是一個人，而是一群人。這可以替個人把殺人的後座力降低。同樣地在西方社會裡，當我們發現「吾道不孤」時，我們就會更樂於出手去懲罰人。人多不但好辦事，也比較安全。[105]

降低懲罰成本的另外一個辦法，是使用代價比正面衝突低廉的懲罰手法，包括說對方的閒話，揶揄對方、放逐對方。比起正面衝突，這些才是人更可能在現實中使用的懲罰方式，[106]小型社會中尤其如此。因紐特人間的爭吵可以透過相當於饒舌battle的方式來產生結果，也就是由吵架的雙方輪流用詩歌嘲笑對方。[107]當社會學家弗朗切斯科・古拉（Francesco Guala）問哈扎人怎麼處理懶人或小氣鬼時，最常得到的回答是「我們會離他們遠點」，而不是「我們會叫他們滾」。[108]位於美國的迦勒底人（Chaldea）社區——他們是使用亞蘭語（Aramaic）的天主教徒，原本出身伊拉克，如今以底特律為家——只使用相對高代價的懲罰作為對輕微違反社會規範的責備，包括垃圾沒有回收。嚴重的問題則會用像背後說閒話這種較低成本的懲罰來應對。[109]

閒話有兩大優點。[110]作為喬治・哈里森（George Harrison，披頭四的吉他手）口中的「惡魔廣播電臺」，閒話是很有效的手段。[111]閒言閒語可以重創人的名聲，讓他們日後不敢不乖乖採取配合的態度。[112]事實上，若是為了促進合作，閒話搞不好比直接了當的懲罰還更好用。[113]而且閒話很廉價。八卦的始作俑者往往可以保持匿名，所以幾乎不用擔心被追究責任。但閒話再怎麼廉價，都不是零成本，因為你最起碼得顧慮被當成長舌婦或長舌公對你形象的斲喪。[114]

高成本懲罰在現實世界中的罕見，意味著人在最後通牒賽局裡之所以會這麼做，只是因為他們沒有別的選擇。在現實世界中，他們會有成本較低的做法可以選。確實，如果你修改一下最後通牒賽局，把成本較低的懲罰也開放給玩家使用，他們往往會欣然接受。像二〇〇五年的一項研究就發現，若回應者除了單純回絕以外，還可以選擇以手寫的訊息對提議者喊話[115]，那有九成的人都會在收到十元中的僅兩元當分成時，送出手寫訊息。各位不難想像，多數的訊息內容都不會太客氣，但也因為可以這樣出口氣，所以回絕低分成的比例從六成大幅降至三成二。其中一名決定把兩元收下的玩家寫道：「我們應該要二一添作五才對，別太貪心，人不為己，天誅地滅。」若有選擇，則多數人（雖非全數人）都會滿意於這種成本較低的手寫懲罰。

手寫或口說的懲罰或許成本較低，但個人使用起來的效果也比較差。在經濟實驗室的賽局裡，如果某一人用語言對你挑釁，你並不會因此改變行為。但如果跳進來幫腔的人不是一個，而是一群，那你就會變得比較合作。[116]人不會因為別人的一點不認可，就急著改變自己的行為模式，除非他們認為這種不認可，已經在眾人之間形成某種共識。這一點與財務形成了對比。即便只有一個人扣下了你的錢，他們也能提高你合作的意願。[117] 惡意因此無異於許多商品，一分錢一分貨。

由此非財務性質的懲罰若想在改善人行為的效果上有所提升，那這懲罰就必須來自於某個有公信力的團體或組織，而不能只是出於某個素人。由機構進行懲罰還有一個好處，那就是可以排除個人之間的恩怨與報復威脅，進而守護住社會上的合作態度。[118] 但要創造出這種效果，該機構不能是眾人眼中的野雞機構，而必須是廣受認可的合法組織。[119] 一項在烏干達進行的研究發現，遭民選監察者懲罰的人，對比遭隨機指派之監察者懲罰的人，前者願意改善的機率是後者的兩倍。[120] 我們若想維繫一個合作性的社會，那就必須確保各機關的公信力。

✱

特定類型的人，所謂的互惠人，會以惡意拒絕最後通牒賽局中的低分成，這是因為他們不惜用高成本懲罰去對不公平的行為以怨報怨。但這樣的理論有兩項重要的前提。首先第一項，如我們將在第四章所討論的，是單純遭受損失並不足以造成人自費去懲罰另一方。人會對損失產生反應，是因為損失代表了對方相對他們取得了優勢。[121]高成本懲罰為的不只是以怨報怨。高成本懲罰為的是不爽對方超前你，而這便會觸發人的反支配反應。這點有個一目了然的例子，那就是所謂的「貶損為善者」（do-gooder derogation）現象。

有人對互惠人好，互惠人理應會禮尚往來地以德報德。但如果對方的善行會讓他們博得好名聲，地位因此所有提升呢？互惠人會有所反應的將是什麼呢：是對方的好人好事，還是對方的名聲與地位提昇呢？要回答這個問題，我們來思考一下像下方這樣的賽局，你會怎麼玩。

你跟另外三名玩家各先取二十元，然後你們各自要決定留下多少錢，又要把多少錢投資在一個團體基金內。這個基金會支付股利給你們三個人，而三人總體的投資的金額愈高，大家能分到的股利也愈多。但這當中的一個重要細節是即便完全不投資，基金也不會就因此不付股利給你。這意味著如果你真的一毛都不拿出來，但其他人都有投資，那你就可以坐享其成，一方面把二十元通通放進自己口袋，一方面又可以在股利上分一杯羹。這麼一來，你就會變成三人當中最有錢的那個。但是要最大化三人最終的所得，唯一的辦法當然就是三人都盡力把錢拿出來投資。

賽局到最後，玩家可以自費懲罰看不順眼的其他人。你付一塊錢，就可以指定某人被扣三塊錢。如果你是三名玩家之一，你會自費懲罰那個都不把錢拿出來投資的自私鬼嗎？此刻我們已知許多人都會採取高成本懲罰。但這還有另外一個問題，一個乍聽有點詭異的問題。如果你發現某名玩家很慷慨地投資了比你還多的錢，讓你一起分得了更多的股利，你會自費去懲罰他嗎？肯定不會吧。要是我不提，你根本不會有一丁點這種念頭吧。你應該知道事情接下來會如何演變了吧。事實證明俄國小說家杜斯妥也夫斯基說的沒錯，我們就是群「腳長了兩隻，但感激之心是零的動物」。

二〇〇八年，上述的實驗在班納迪克．赫曼（Benedikt Herrmann）團隊的主持下，在十六個國家進行。[122]一如預期，當玩家發現有人自私的不拿錢投資時，他們通常會自費懲罰這些人。但耐人尋味的是，當玩家發現有人對團體基金的投資大於他們時，他們照樣會自費懲罰這些人。他們懲罰了他人的慷慨，即便這慷慨也能為自己帶來更高的股利。這就是前面提到的「貶損為善者」。這種懲罰看似不具建設性。這會讓慷慨之人在之後的回合中減少出資，會壓抑合作，會造成所有人全輸的局面。至少表面上看起來是這樣。

這種對好人好事的懲罰，並不是實驗室賽局中的人工產物。去挖掘人類學，我們會發現善獵的獵人也會因為捕捉到全部落可以共享的動物而遭到批評。[123]在現在社會中，你可以想想素食者。雖然你可能不覺得他們有為了你把世界變好，但你至少得承認他們為了道德或利他的理由而放棄了肉食。但素食主義在肉食者的眼中，卻宛若一種跟他們對著幹的行為，由此他們會想去懲罰素食主義者。[124]對每一個想讓這世界變得更美好的人而言，這種體貼他人體貼世界，卻反而會遭到懲戒的狀況，讓人憂心忡忡。

所以說，為什麼會有人去懲罰他人的慷慨呢？這似乎是因為我們的反支配傾向遭到啟動。相對不慷慨的人看到比他或她更大方的人，會覺得對方取得了地位上的優勢。慷慨之舉可以讓人博得地位與美名。慷慨之人會有機會成為支配者，所以會讓人產生威脅感。一如伏爾泰所說，誰最好，誰就是普通好的眼中釘。[125]

「生物市場理論」（biological market theory）提供了一種相關的解釋。[126]這種解釋認為人會相互競爭，成為合作的夥伴。要成為他人的合作夥伴，最直觀的辦法就是要比別人更客氣、更慷慨。然而相對於此，有個替代性的策略是讓那些好寶寶、模範生成為全民公敵，好讓你這個見不得別人好的凡人看起來相對比較好（或至少沒那麼討人厭）。

雖然這種行為有可能讓你給人一種小心眼的感覺，但證據確實顯示我們會懲罰慷慨之人來讓自己看起來像是比較吸引人的合作夥伴。[127] 若是感覺到有人在評估觀察另一場比賽要跟誰合作，則這一場的玩家就更可能會惡意懲罰貢獻比他們多的參賽者。

貶損為善者，是為了把慷慨者拉下馬來。這對社會整體發展是一個問題，因為這會讓慷慨的行為受到打擊，使其無法普及。[128] 這會導致我們想當個有點好又不會太好的好人。我們外表是成年人，但內心還是操場上的孩子。

我們必須要了解是哪些因素在鼓勵人懲罰慷慨之人。赫曼與其團隊對此已經提供了一些答案。他們發現在法治比較薄弱的國家裡，慷慨之舉會比較頻繁地遭到懲罰。另外，在公民合作的社會常規較低下（具體而言就是民眾對逃稅、社會福利詐欺與火車逃票等行為的接受度較高）的社會上，慷慨之舉也比較會遭到圍剿。這可能是因為在欠缺相關單位來執法的狀態下，民眾必須要靠惡意來自力救濟，藉此來強化公民合作的程度。

赫曼與其同僚還發現在較不平等的國度裡，慷慨之人會較易遭到惡意懲罰。這似乎是因為在高度不平等的國家中占得某種優勢，好處是很大的。這種現象被稱為「繁殖偏差」（reproductive skew）。在高度不平等的環境裡，身處於群體中的金字塔頂端可以為人帶來極大的利益。我們的反支配性格因此會設法把這類人拉下來。放眼看看現今的世界，這種現象的惡化使人憂心忡忡。

我們演化出來的反支配傾向，會引導我們去報復我們認為做事不公平，或想要支配我們的人。這種高成本懲罰會由我們本章一開始提到的那種「互惠人」來執行，算是很合理。他們是一群在意公平性，會在最後通牒賽局中拒絕低分成，並在獨裁者賽局中提出合理分成的人。這群人不搞雙標，他們在懲罰違反規範者的同時，自己會遵守這些規範。這點很重要。若被守規矩的人懲罰，你會覺得自己違規被罰活該。反之，若被自身也不守規矩的人懲罰，你會覺得他們不是在主持正義，而是在弄你。你會覺得他們是在想趁機把你踩下去。[129]這樣的你會比較不甘願接受懲罰。這項事實，會讓懲罰者有動機去說服被懲罰者一件事，那就是他們出手主持正義是出於道德公益而非一己之私利。想讓別人相信你的動機純正，最好的辦法就是自己先這麼相信。只有相信自己在說實話，才能成為一等一的騙子。如我們之後會講到，我們經常噁心別人都只是在圖利自己，說什麼我們是在主持公道只是自欺欺人而已。

在現實世界中，高代價懲罰的行為會讓人卻步，是因為有可能被報復。這會讓我們尋求代價較低的形式去表達惡意。自古以來，匿名的難度算是給個人的惡意行為蓋上了個鍋蓋，但現在社會在這一點上有很大的不同。我們現在做得到匿名了，特別是在網路上。攔擋惡意洪流的問責水壩因此出現了破口。不知道誰是誰的社群網路，注定要成為惡意的社群網路。

我會在本書結論再重拾對這一點的探討，因為我們接著得先理解在最後通牒賽局中實施惡意的第二種人。在很長一段時間裡，學者都認為在最後通牒賽局中會出現低分成遭拒，是因為合作者在懲罰不公平。但這看法反映了一種對人性的過度樂觀。較新的研究發現，最後通牒賽局中的某些合作者／惡意玩家，會在獨裁者遊戲中轉換立場，自己也對無助的另一方提出低到羞辱人的分成。這些玩家展現出惡意的動機不光是反支配，他們也想支配別人。他們的行事不光是出於對別人擁有的比他們多的恨意。想要擁有的比別人多也是他們前進的動力。這第二種人在最後通牒賽局中對低分成的拒絕，可以稱為「支配的惡意」。

第三章　支配的惡意

「人類最迫切的需求，」法國作家亞力西斯・德・托克維爾（Alexis de Tocqueville）宣稱，「（就是）不要在世間沉淪為下流。」我們或許會犧牲金錢，但我們鮮少會放棄地位。假設你的政府提案要提高基本工資，你覺得誰會反對最力？答案不是高薪者，而是賺得比現行基本工資高一點點的人。有為數不少的這類人會等於是在反對幫自己加薪，而他們反對的理由是不希望有人爬上來，跟他們比肩成為社會的新底層。希望有人墊背的心理會讓這些人寧可繼續當倒數第二，也不要獲得加薪。他們寧可犧牲可以多拿點錢的裡子，也要顧全起碼高某人一等的面子。拒絕加薪，因此就代表著一種支配的惡意。這種人寧可在加薪一事上與人同歸於盡，也要把另外一群人踩在腳底。[1]

如我們在前一章看到過，最後通牒賽局中某些出於惡意的拒絕，來自所謂的「互惠人」，也就是對公不公平念茲在茲的玩家。他們是隨時準備好以怨抱怨的強互惠者，但同時他們也有想與人合作的屬性。他們會在獨裁者賽局中提供合理的分成給無法說不的另一名玩家。相對於此，最後通牒賽局中的另一組惡意拒絕來自所謂的「互槓人」（homo rivalis）。[2]這種人的行為屬性不是合作，而是利己，所以他們會在獨裁者賽局中提供不公平的分成比例，然後也在最後通牒賽局中對低分成說不。他們這麼做，動機不同於那些反支配傾向被不公平分成觸發的合作者。他們這麼做是為了取得優勢，可以支配他人的優勢。

對「互槓人」而言，最後通牒賽局的本質不是社交，而是地位的競爭。若他們拒絕了總金額十元裡的兩元分成，自己或許損失了兩元，但提議者的損失高達八元。相對於互惠人不會去追求高人一等，互槓人則會設法搶在別人之前。寧為雞首不為牛後，是他們的座右銘，他們寧願在地獄裡當大爺，也不喜愛在天堂伺候人。[3]

我們可以在荷蘭心理學者保羅・凡・朗格（Paul van Lange）的作品中窺見互槓人的身影。[4]朗格的研究看的是人類的「社會價值導向」，也就是我們以自身跟他人當作座標，對於事件發展走向有什麼樣的穩定偏好。凡・朗格的研究發現人類多屬於三種社會價值導向中的某一種。要判斷你屬於哪一種，我們可以參考下方的賽局。

你與另外一名玩家將分別獲得點數。點數愈多愈好，且點數的分配有下列三種方案。

方案一：四百八十點歸你，四百八十點歸另一人

方案二：五百四十點歸你，兩百八十點歸另一人

方案三：四百八十點歸你，八十點歸另一人

你會怎麼選擇？

選一的話，你是「利社會者」[5]，就跟百分之六十六的大多數人一樣，互惠人就是當中的一個分支。選二的話，你就是占約兩成的「個人主義者」，你一心一意想要放大自身的存款餘額，一如經濟人。選三的話，你就是包含互槓人在內，大約只有百分之七的那一群「競爭者」。

方案三，正好也是「惡意方案」。你付出了不選二的機會成本，放棄了原本可以拿到的最高點數，換得讓另一人只悽慘地獲得最少的點數。你選擇三，是因為那最能拉開你與另一人的差距。你選擇最大化的不是自己皮夾裡的美金，而是你面對另一人的宰制力。第三類人約占百分之七，一如前面那份問卷裡有百分之七到十的人認同惡意的描述，也代表那些問卷

主要訪查的是支配型的惡意。事實上，如果我們回頭去看那些問題，你會發現它們描述的不盡然是對方做了什麼不公平的事情，而都是你有機會可以將對方「壓落底」的情境，頂多是你要付出些代價而已。

還有一種辦法可以讓我們把反支配惡意跟支配惡意區分開來，那就是改變在經濟賽局中實施懲罰的價格。大部分懲罰賽局的設計都是讓你用一塊錢的代價去換得另一人受到失去三塊錢的懲罰。如果對方提出低分成，有反支配心理作為動力的某人就會懲罰他們，把他們拉回跟群體相同的水準。但是互槓人懲罰低分成的提議者，是因為他們可以花一塊錢讓對方損失三塊錢，藉此獲致相對的優勢。他們這麼做，就是在尋求支配對方的能力。

這時如果我們把懲罰的「匯率」改成你付一塊錢只能換得對方損失相同的一塊錢，那局面就不一樣了。懷著反支配心理的人仍會進行懲罰，因為他們想讓追求優勢的玩家少得到一點報酬。但互槓人就不應繼續執行懲罰了，因為這麼做只會讓他們跟另一玩家各損失相同的一塊錢，而這已經不能授予他們相對優勢。他們無法藉此支配對方。由此他們會把球撿起來，不玩了，悻悻然回家去。

當學者改變了懲罰的定價時，我們看到的結果就是這樣。[6]受試者會先玩一個遊戲來確立他們是自利者或合作者。然後他們可以選擇要或不要懲罰另一個玩家的行為，並分成兩種懲罰匯率，也就是前述的一換三，或者一換一。

不論是哪種匯率，都有大約六成的合作者會選擇懲罰自利者。他們不在乎懲罰的代價。但反過來說，自私者在兩種匯率下的表現就非常不同。一換三的時候，有四成的自利者會選擇懲罰，但一換一的時候，會選擇懲罰的自利者就只剩下少少的百分之二。公平原則的違反並不會觸發他們內在的反支配行為。他們行出惡意，只是因為這樣可以增進他們相對於另一個玩家的地位。如果懲罰不能讓他們在財務上獲致優勢，那他們對懲罰就興趣缺缺。

我們可以大致掌握惡意行為中，動機為支配別人，跟動機為回復公平性的比例。其中一個辦法是就是給人這樣的選擇，看他們是想用懲罰回復公平性，還是想要用懲罰獲得個人的優勢。為此，學者將獨裁者賽局設計成當獨裁者提出分成比例後，另外一個人可以付費去摧毀獨裁者的一部分金錢。[7]重點在於這另一人只要付固定的一塊錢，就能以或多或少的任意金額，拉低獨裁者的身價。結果三分之二的玩家會藉此讓自己的財產超過獨裁者。除了回復公平性以外，他們也想要超越獨裁者。三分之二的惡意行徑跟回復公平性無關，而是為了超前別人，支配別人。

互槓人的身影，也可以在其他的經濟賽局中看到。在前一章，我們提過所謂的燒錢實驗，當中我們看到有不少人會自費燒掉別人得到的不義之財。但要是別人比你努力，而堂堂正正地在賽局最後比你有錢呢？你還是想懲罰他們嗎？

學者調查了這一點，用上的是「毀滅的樂趣」（Joy of Destruction）賽局。[8]在這種賽局中，你得到的指示是要替某些雜誌的廣告品質打分數。每篇廣告都需要一定的時間去評估，而你最多可以評到三篇，每評一篇都有現金可以領。學者會告訴你有另外一個人也在做同樣的工作，而且如果你想的話，你可以摧毀對方一部分的收入。為此你不用放棄自身的獲利（由此這是一種「弱惡意」），而且對方也不會知道是你幹的好事。這種情況下你會怎麼做呢？你會毀掉別人的血汗錢，只因為你可以嗎？

我們先從好消息說起。如果學者表示對方會知道是你幹的好事，那還敢這麼做的人幾乎沒有。擔心被報復使人不敢輕舉妄動。我們當中絕大多數的惡意毀滅者都是孬種。只可惜我們會在第七章講到，凡事都有例外。

禍不單行的是，當可以躲在匿名之盾的後面時，相當多人會選擇毀掉他人的血汗錢。卑鄙小人的數量不僅是可以想像地令人沮喪，那股震撼根本跟晴天霹靂一樣。把別人辛苦所得部分勾銷的行徑，可以說相當氾濫，就發生機率而言達到百分之四十。這個數據遠高於第一章的問卷中，惡意者只有大約百分之五到十的結論，也高於在凡・朗格的點數賽局中，競爭型互槓人的比例（百分之七）。

為什麼這個數字會如此出格地高？其中一種可能性是公平取得的優勢也同樣會觸發我們內心的反支配傾向。還記得在今天的狩獵採集部落中，任何想要比一般成員得到更多的人都會被拉下來嗎？他們或許是因為技術與毅力過人，所以才在獵捕成果上格外豐碩。但那又如何？他們還是不會被允許留下多數食物。任何想這麼做的嘗試，都會觸發部落中的反支配行為。在前一章，我們討論過對不公平產生的怒氣能如何推動惡意的行為。但即便是在公平性不成問題的狀況下，其他的情緒如羨慕（見不得別人好）跟幸災樂禍（別人的失敗就是我的快樂），也能推動我們去採取惡意的行為。[9]

但這似乎還並不是全部的答案。理由是這樣的。假設你只評估了三篇廣告中的一篇，只賺到了最高收入的三分之一。由此你應該可以預期到其他人做的比你多，賺得也比你多。但如果你評估完全數三篇廣告，其他人收入頂多跟你打平，不可能超過你。如果反支配是摧毀他人財富的動機，那只做一篇的人應該要比做完三篇者更想去扯人後腿才對。

但學者發現只做一篇者跟做完三篇者相比，雙方摧毀他人收入的金額是一樣的。受試者摧毀另一人的收入，並非單純出於反支配的動機。[10]他們似乎是出於支配的動機而這麼做。畢竟如果你都評估完了三篇廣告，你僅剩摧毀他人所得的動機就是超前他們——就是支配他們。由此，我們在歸納別人的人格特質，或在給人貼上互槓人或互惠人的標籤時，都要三思而後行。因為只要環境條件對了（或錯了），我們有近半之人的支配傾向與行為都會被挑動出來。

你的財富就算是不偷不搶賺來的，也不能保證不被他人眼紅。費盡唇舌去說服別人，讓他們知道你是靠實績成為人上人，也不能讓你免疫於別人會在匿名狀況下對你不利。事實上，靠著實績上位，比起靠著運氣上位，前者還更會讓人感覺到威脅，更會讓他們對你心存惡意。

地位高低是結果論，所以某人若是靠運氣而擁有的比你多，那並不代表他們比你強。所幸運氣是會用光的。但如果別人是靠真本事往上爬，那這當中就有一個實質的差別。比起靠運氣發財的人，靠實力致富的人更會成為我們搞破壞的對象。[11]才華比運氣更令人害怕。而在匿名的掩護下，你不難被人惡意相向。

我們愈是覺得這世界是競逐地位的賽場，支配力就愈能在「繁殖偏斜」（reproductive skew）的作用下為我們帶來好處。由此我們將更有動機去獲取支配力。由於支配性惡意可以提升我們的相對地位，因此這種惡意也將隨著我們面對的競爭增加而增加。與此一致的是實驗室研究已顯示，你面對的直接競爭愈多，你就愈可能在最後通牒賽局中實施惡意。[12]

大敵當前讓我們的惡意加溫，理所當然。如果你要與全世界一較高下，你皮夾有多少錢自然要緊。但如果你的對手是跟你地盤重疊的幾名地頭蛇，那絕對財力就成了次要，更重要的是你與對手間的相對財力。我們會展現出所謂的「相對地位偏誤」（positional bias）。在有人超過我們的高所得，跟沒人超過我們的低所得之間，我們往往會選擇低所得。我們會為了相對優勢而捨棄絕對收益。[13]如果你是在地方性的團體中與人競爭，那麼以惡意加上一點犧牲去壓制某個對手的做法就非常值得。[14]

實驗室外的研究還顯示面對的競爭愈具在地性，人就會展現出更多惡意。南納米比亞的納瑪人（Nama）靠牲畜為生，而他們的牲畜是在共管的草地上放牧。學者讓納瑪人進行了迷你版毀滅的樂趣賽局。得在劣質草地上放牧的納瑪人比起在優質草地上放牧的納瑪人，前者更可能不惜摧毀他人的財富。優質草地上每有一個人願意實施惡意，劣質草地上就有兩個人想這麼做。[15]牧草愈稀少，你的同胞就愈可能被視為你必須贏過的競爭對手。資源愈稀缺，傷害對手就愈能為你帶來好處。[16]

✹

學者去探究了大腦是如何知曉競爭正在趨激，因此以惡意換取相對優勢的時機已到。我們的大腦會知道生存競爭在變強的其中一個辦法，起碼在人類祖先演化環境中，就是察覺到進入體內的養分變少了。養分變少，意味著食物變少了。

人類食物中的一項重要成分，是色胺酸。色胺酸是一種人體無法自行製造，只能從食物中攝取的必需胺基酸。少了色胺酸，我們就無法製造血清素這種重要的神經傳導物質。因此體內的血清素濃度下降，就會讓人知道食物變少，而那就代表資源的競逐變強了。換句話說，惡意會隨著競爭的增加而增加，而競爭的增加則會伴隨著血清素的下降。那麼，惡意的增加有可能由血清素的下降造成嗎？神經科學家莫莉・克拉凱特（Molly Crockett）團隊已在一系列重要研究中證明了此點為真。

在一項二〇〇八年的研究中，克拉凱特團隊邀請了受試者到實驗室裡進行最後通牒賽局。然後相隔一週再重複一遍這樣的過程。在兩次賽局中，受試者都會先拿到一杯飲料。其中一次喝的是普通飲料，但另外一次他們喝的則是會使色胺酸被耗盡的飲料。克拉凱特團隊發現在飲料被動了手腳的賽局中，受試者行為中的惡意會較為明顯。[17]這顯示血清素濃度與惡意程度呈反比關係。

為了確認這種反比關係是否雙向都成立，克拉凱特團隊在二〇一〇年測試了增加血清素能否降低人的惡意。在這次研究中，他們再次採用飲料的把戲，只是這次放的是抗憂鬱劑。抗憂鬱劑會提高人的血清素濃度，結果一如預期，增加血清素濃度讓人拒絕不公平分成的頻率降低，[18]惡意的表現因此變少。換句話說，血清素與惡意確實成反比，而且雙向都成立。

接著的問題是「血清素是如何做到這點的？」血清素的耗竭並沒有改變人的心情，也沒有改變人衝動行事的傾向，更沒有讓人覺得低分成變得比較公平。那為什麼血清素的降低會連結到更多的惡意行為呢？

克拉凱特團隊發現當血清素濃度降低時，人會更願意去傷害別人。[19]同樣地，當血清素濃度升高時，他們會變得較不願意傷害自己或別人。[20]克拉凱特團隊後來提出了更詳細的說明。[21]他們發現降低血清素濃度，可以增強人在懲罰他人時，腦中背側紋狀體（dorsal striatum）部位的活動強度。人腦的這個區域會在我們對獎賞有所預期的時候亮起。減低血清素濃度會增強惡意，是因為那讓傷害別人變得更享受。[22]

我在第一章討論過拍賣研究，而該研究的結果讓我們認為典型的惡意是一種全有或全無的東西。但克拉凱特的研究顯示環境有潛力影響我們心中的惡意強度，由此我們有必要對拍賣研究的結論進行重新思考。在可能因此獲得報償的世界中，惡意便有可能被觸發成為一種有用的策略，而世界愈不利於生存，惡意能帶來的好處就愈多。與此相符的是童年比較艱辛的男性在長大之後，會因為見識過「現實的血紅獠牙與利爪」而更可能採取惡意的行為。[23]

血清素不是唯一一種會影響惡意的神經化學因子。在人體中，睪固酮也會影響惡意。睪固酮濃度高的男性在最後通牒賽局中，會有更高的機率執行惡意。[24]這有可能是因為高睪固酮濃度與高憤怒程度成正比。[25]但這也可能關係到睪固酮在支配傾向上扮演的角色。人的睪固酮濃度愈高，他們就愈在意社會地位。一旦給男性施打睪固酮，他們就會開始留意凱文克萊等能代表身分地位的名牌，而相對忽視等級較低的Levi's等庶民品牌。[26]他們會變得更在意跟社會地位有關的事物，也更可能視最後通牒賽局中的低分成是對他們地位的一種威脅。他們更可能接續採取行動去讓對方嚐嚐同樣的滋味，即便得付出代價也在所不惜。這場賽局瞬間從社會交流，變成了社會競爭。

支配性的惡意有助於你出人頭地，發現這一點的是希臘經濟學家盧卡斯・巴拉弗塔斯（Loukas Balafoutas）的團隊。[27]他們給人三分鐘去進行五個雙位數（如10、76、45、23與88）的加總，能算多少組算多少組，每名受試者都會跟另外五個人一組。在第一階段，他們得到的指示是做多少算多少。在第二階段，他們被告知各組的前兩名有獎品。

這項研究發現惡意者與非惡意者在不比賽的第一階段中表現一樣好。但進入有競爭性的第二階段，惡意者就像活過來似地分數大躍進。競爭對惡意者的激勵作用，要遠大於對非惡意者的效用。事實上，惡意者的進步幅度是非惡意者的兩倍。惡意者的表現會在競爭環境下進步大約三成，而非惡意者則僅會進步一成五左右。惡意還能創造出贏家，須知有七成惡意者拿到各組前兩名而獲獎。相對之下，非惡意者的獲獎比率不到五成。

但巴拉弗塔斯團隊還發現一件矛盾的事情。當可以選擇要或不要與同組受試者競爭時，惡意者選擇要的比例比較低。惡意者比非惡意者更有勝算，但這樣的他們竟然較沒有欲望這麼做。會有這種矛盾，答案可能藏於研究對於惡意者的定義中。研究定義的惡意者，是那種討厭落後而喜歡領先（到願意損失錢來讓對方損更多）之人。他們不同於常人的好勝心會帶著他們在競賽中享有勝算，但對落後的恐懼則會讓他們在參與比賽前躊躇再三。

至此，我們已經看到反支配跟支配型惡意都可能帶來直接的好處，由此我們會更關注惡意的「如何」，也就是惡意運作的方式，而忽略了惡意的「為何」，也就是惡意出現的原因。惡意的終極成因究竟是什麼呢？下一章我們就一起來看看。

第四章　惡意、演化與懲罰

不同人在最後通牒賽局中，會對要不要接受分成做出不同的決斷。但這些不同在多大的比例上，可以被歸諸個人遺傳上的差異呢？惡意的遺傳學還在初生的階段，但我們確知有某些織就在基因體中的物質，在某種程度上導致了我們的惡意傾向。在讓雙胞胎進行最後通牒賽局後，學者得以估計初有百分之四十二的反應差異可以歸給基因[1]，這比例並不低。

我們可以猜到基因能夠做到這一點，靠的是對背外側前額葉皮質產生影響。[2]我們已經看到大腦中這個負責成本效益分析的區塊，會造成在最後通牒賽局中拒絕分成的結果，而這部分大腦就受到強烈的基因控制。[3]其他可能影響惡意決定的基因候選人，還包括那些會影響腦中多巴胺水準者，而多巴胺又會影響我們對低分成的反應。[4]這塊仍在進化中的研究領域，增添了我們對於惡意運作方式的了解，但接著我們要來看的是惡意的成因。惡意的基因，是怎麼演化出來的呢？

還記得那四個基本的社會行為嗎？合作、自利、利他與惡意。天擇會較青睞自利與合作，理由顯而易見：這兩者可以直接增加我們的適應力。但利他跟惡意呢？這兩者都會讓我們的適應力受損。這麼說來，利他與惡意的基因應該不太能遺傳下來才對。但為什麼我們現在還能一天到晚看見利他與惡意的身影呢？

這個問題首先獲得解決的，是利他的部分。而解決的人是二十世紀首屈一指的演化生物學家，威廉·漢默頓（William Hamilton）。理查·道金斯曾形容漢默頓「很有可能是自達爾文以來最偉大的達爾文主義者」。[5]

漢默頓認為，把重點放在行為如何影響我們作為個體的適應力，是搞錯了方向。如理查·道金斯後來所說，我們只是載具而已，我們只是被設計來保存體內基因的生存機具。漢默頓認為我們應該評估的是我們的行為如何影響基因的適應力，而不是我們這個容器的適應力。我們體內的任何基因都有可能在我們的親戚身上有備份。我們必須評估自身行為對人類基因的整體影響，不論那基因存在於誰的身上。我們必須要把基因視為整體來考慮事情。

就像不會把雞蛋放在同一個籃子裡的投資人一樣，大自然也會把基因分開存儲。你的基因有半數在母親身上有備份，半數在父親身上有備份，半數在你的孩子或手足身上有備份，四分之一在姪子、姪女或外甥、外甥女身上有備份，八分之一在堂（表）兄弟姊妹身上有備份。所以如果從基因的角度去看，對一群擁有你基因備份的人表現出利他主義，有機會讓你自身的基因受益，即便那不見得有利於你這個個體。因為這種做法具有包容性，把特定基因的所有存在之所都考慮了進去，因此又被稱為「總括適存性」（inclusive fitness）。

總括適存性的數學，導致生物學者哈爾丹（J. B. S. Haldane）打趣地說，他會願意為兩個兄弟姊妹而死，或是為八個堂表兄弟姊妹而死。這是開玩笑，但如果把這種數學搬到現實生活中，你就不一定笑得出來了。試問：你覺得身為雙胞胎的人會比較願意為他們的孿生手足犧牲自己，還是更願意為自己的孩子犧牲？出於直覺，我們會以為為人父母者一定會先顧孩子——畢竟，誰不會把親生骨肉放在第一位？但總括適存性的看法正好相反。同卵雙胞胎的DNA是百分之百相同，但他們跟下一代的DNA只有百分之五十相同。所以實際上勝出會是哪一邊呢？你對孩子的親情，或是基因體的數據？二〇一七年的研究發現作為同性別的同卵雙胞胎，他們會願意把手足放在孩子之前。[6]這似乎是因為雙胞胎之間有一種你中有我，我中有你的認同融合（identity fusion）。我們會在第七章回歸認同融合的討論，屆時情節會黑暗許多。

總括適存性讓利他有了可能性，也讓惡意有了可行性。當我們自身較小的行為成本，跟我們讓親戚獲得的較大好處產生交集時，利他主義就會出現。同理，當我們傷害別人的行為成本低於我們這麼做能讓近親獲得的好處時，惡意就會發生。並且這就是所謂的「威爾森式惡意」（Wilsonian spite）。

惡意的另外一種解讀，是傷己三分，傷我的基因競爭者七分。如果我的惡意造成我失去一隻手臂，但讓與我直接競爭性伴侶的無血緣者失去一顆頭，我就贏了，那惡意於我就是有好處的。這就是所謂的「漢默頓式惡意」（Hamiltonian spite）。[7]在此，惡意的代價主要流向那些與我關係低於平均值的人，而且這代價會重於我承擔的個人犧牲。由於相對於利他會把好處賦予我在基因上的親戚，這種惡意會讓我的基因競爭者付出代價，因此惡意又被稱為利他主義的「黑親戚」或「醜姊妹」。[8]

漢默頓式的惡意要演化出來，必須滿足三個條件。首先，你的惡意必須針對你的基因競爭者。用生物學的話來講，就是惡意必須傷害到那些與你是「負親屬」的人。所謂負親屬，指的是這人與你共享的基因少於隨機挑選的在地人口成員。對負親屬展現惡意，在基因遺傳上是有利的行為，因為這能降低競爭者的基因在基因庫裡出現的頻率。

想對基因競爭者使出惡意，你首先必須搞清楚他們是誰。這被稱為「親屬歧視」（kin discrimination）的東西，是漢默頓式惡意要獲得演化的第二個條件。這一點說複雜也挺複雜，我們馬上會在下方的例子中談到。

漢默頓認為惡意的好處大不到哪裡去，而這也是在很長一段時間裡，生物學都沒把惡意放在眼裡的一個原因。由此漢默頓認為惡意要演化出來的第三個條件是它應該要對表現出惡意者的適應性是零成本或幾乎零成本。否則就演化上而言，惡意生物就會一直幫人「墊錢」墊到滅絕。

這最後一項條件，讓我們對從哪裡開始研究自然界中的惡意，有了點頭緒。某些動物無法傷害到自己的基因適應性。一個例子是不具生殖力的昆蟲。如果你不具生殖力，你想傷害自身的繁殖機率也無能為力，畢竟原本就沒有的東西你自然談不上傷害。漢默頓式惡意在自然界中最好的例子，就是紅火蟻不具繁殖力的工蟻。[9]紅火蟻身上名為Gp-9的基因會出現變異，其中擁有此基因某種變異的工蟻可以嗅出蟻后是否也擁有相同的變異，如果沒有，那工蟻就會攻擊蟻后。十五分鐘內，蟻后就會一命嗚呼。但工蟻也必須非常小心，因為如果不小心身上沾染到蟻后的氣息，其他的工蟻也會將之視為攻擊目標。這種基因就是一種「綠鬍鬚」（greenbeard）的案例。綠鬍鬚一詞典出一種因為理查・道金斯而聲名大噪的假想情境。在此情境中，利他基因的攜帶者會留著綠鬍鬚，好供彼此相互指認。

紅火蟻所處的這種狀況，符合了漢默頓式惡意的三種演化條件。工蟻與被殺蟻后所共有的基因數量，少於工蟻與族群中任意一隻工蟻的共有基因數量（負親屬性）。氣味提供了一種簡單明瞭的辦法，讓紅火蟻可以確認對方是否擁有同樣的 Gp-9 基因變異（親屬歧視）。而這對產生殺意的工蟻並不會造成任何環境適應性上的成本，因為他們原本就沒有繁殖力。[10]

無繁殖力的黃蜂也是具有惡意的存在。[11]雌性的多胚胎寄生黃蜂會把卵產在毛毛蟲的卵上。由此毛毛蟲會在成長過程中被從內部啃食。多胚胎指的是單一蜂卵會發展出多個胚胎，創造出基因上完全一致的寄生蜂。雖然多數黃蜂幼體都會成長為正常的黃蜂，但還是有一部分會變成戰鬥力處於頂峰的「兵蜂」（soldier morph）。但黃蜂要變身成兵蜂，是要付出代價；牠們會因此絕育。兵蜂接著就會開始獵殺牠們基因上的對手。牠們會搜索並摧毀從其他卵中孵出，因此與牠們在基因上較無相關的幼體。這種發展的好處，會流向那些與兵蜂同一批卵孵化出來，因此與兵蜂在基因上相同的正常黃蜂，主要是正常黃蜂如今只需要跟較少的基因相異同類競爭。

就連細菌都可以行出惡意。[12]某些細菌可以傷害其他細菌，靠的是釋出一種殺菌的毒素。只不過這麼做必須付出高昂的代價，釋出毒素的細菌也可能陪葬。但擁有可以釋出毒素的基因，也代表該細菌有比較高的機率會擁有免疫於毒素的基因。所以當這些細菌死亡而釋出毒素時，牠們會優先殺死基因上與其相異的細菌。學者已經開始研究我們可以如何利用這種惡意來服務人類。讓細菌變得更具惡意，可以讓疾病變得較不具毒性。[13]只要在細菌中培養出惡意，我們就可以創造出細菌間的內戰，進而坐享漁翁之利。

不論是漢默頓式的惡意（傷害流向我們的競爭對手）或威爾森式的惡意（利益流向我們的親戚），都屬於「基因遺傳惡意」。[14]這種惡意會傷害行為者，但卻能澤披行為者的基因。雖然我在這裡舉出了一些例子，但這種惡意在自然界中其實極為罕見。[15]

這種罕見的程度，導致漢默頓提議我們應該用惡意的「弱定義」去調查自然界中的惡意。「弱惡意」不要求行為者在傷害他者時蒙受自身的損失，而只需要行為者不因傷害他者而受益。[16]這類行為可以在自然界中被觀察到。有一例是海鷗會摧毀競爭對手的蛋或殺死對手的雛鳥，但牠們並不會直接因此受益。[17]

弱化惡意定義另外一種辦法是納入行為者同時傷害自己與對方，但自身要長遠才能受益的案例。這被稱為「淨報酬－利益惡意」、「延遲利益惡意」，以及「功能性惡意」。[18]技術上來講，這些都是自利的行為，但我們仍需要去解釋當下的惡意行為何以會發生。這類惡意在動物界就比較常見了。

較早期有靈長類學者艾林．布雷瑞頓（Alyn Brereton）在其博士論文中提出短尾獼猴的案例。布雷瑞頓發現低階的雄性獼猴會出手阻斷高階獼猴的性行為。這麼做對壞人好事的獼猴而言並沒有直接的好處，因為他們並不會接手與母猴交配。事實上，這麼做可能讓扮演程咬金的公猴付出代價，因為有百分之三被打斷的公猴會進行反擊。被打斷的公猴也有損失，因為這會降低牠們成功使母猴受孕的機率。對壞事者而言，這麼做長期的好處是他們會搭配採用另類的交配策略，進而提升牠們把基因傳遞下去的機率。布雷瑞頓認為這便使這種作為成為了一種「淨報酬－利益」的惡意行為。[19]

關於惡意如何在人類身上演化出來的討論，較少把重點放在總括適存性上。換句話說，這些討論並不把重點放在惡意如何幫助你的家族或傷害你的競爭者上，而是如上所見，把重點放在惡意如何長期對你個人產生助益。這種會在當下讓人付出代價，但長期對你個人有好處的惡意，可以被稱為「心理性惡意」。[20]

一款心理性惡意的演化模型，已經由魯法斯．強史東（Rufus Johnstone）跟瑞杜安．伯沙里（Redouan Bshary）提出。他們對該模型的說明如下。[21]想像你可以藉由攻擊並擊敗某位對手來獲致適應力上的好處，但這些攻擊也附帶有潛在的成本。為了掌握攻擊某人可能產生的成本，合理的做法是追蹤某人與其他人的互動狀況。這麼一來，你便能避開你知道攻擊性較強之人。強史東與伯沙里將數據跑過之後，發現了這可能會導致「非常態性惡意」的成功演化。在這種惡意裡，人會偶爾去攻擊那些有可能擊敗自己的對象，因為這可以讓他們獲致一種「不好惹」的名聲。這被稱為「負面間接互惠」（negative indirect reciprocity）。其他人不會來惹你，因為他們已經看過你對付人的狠勁。這也可以算進我們稍早討論過，惡意帶給人的「口碑」利益。

派翠克．富爾博（Patrick Forber）與羅瑞．斯密德（Rory Smead）採取了另外一種做法。他們創造了一款電腦模擬去探究若人使用特定的策略來進行最後通牒賽局的話，會發生什麼結果。[22]他們透過研究的設計，讓每個虛擬玩家都會採用四種策略當中的其中一個。某群受試者會對分成來者不拒，然後等換成他們擔任提案人後，他們會提出不公平的分成（留下超過五成金額給自己）。我們就稱這群人為經濟人組。另一群受試者被設定要拒絕所有不公平的提案，並在輪到所有自己時做出不公平的提案。我們稱之為支配型惡意組。第三群人會接受全數的提案並作出公平（分給對方五成）的提案，我們稱之為搭便車者組，主要是他們完全不打算要做出任何高代價的懲罰，一且都交給其他人去決定。最後一組人會對不公平的提案說不並提出公平的分成。我們稱之為反支配型惡意組。

此時若所有人都開始使用經濟人組的策略，那麼任何一個改用其他三種策略之一的人就注定要吃虧了。硬要這麼幹，你會落得比你也跟隨經濟人做法更慘的下場。所有使用經濟人策略的玩家都會在演化上保持穩定。當斯密德與富爾博跑完模擬後，他們發現有大約七成的機率，身邊所有人都使用經濟人組的策略。但當賽局的條件稍有調整後，事情就會生變。

他們引入了所謂的「負向分類」（negative assortment）。這意味著來自某族的玩家不會以平均的機率與其他每一個人對戰，而是會主要與跟自己採取策略不相同者對戰。在負向分類的狀況下，斯密德與富爾博發現這麼一來，實驗會很容易得出由支配惡意組跟搭便車組構成的穩定族群。

有趣的是公平提案的數目變化。當賽局中不存在負向分類時，惡意者會滅絕，而存留下來的玩家提出公平分成的機率是百分之二十九。但如果導入負向分類，則惡意者仍會存在，而公平分成的提案也會增加很多。依照負向分類的極端程度而定，高達六成提案可以趨於公平。結論就是負向分類可以給惡意留下生存空間，並且會讓公平的行為增加。

斯密德與富爾博的模型——我要強調這只是個模型——顯示出惡意不但可以演化出來，而且一旦演化出來，惡意還可以增加公平行為在社會上的數量。公平提案之所以增加，是因為只要你的做法公平，惡意就無法獲致對你的相對優勢。若是你在總金額十元的基礎上願意分給對方五元，那即便他們用惡意拒絕你，也不能占到你任何便宜。你損失五塊，對方也損失五塊。所以說公平，就是面對惡意最好的抵禦。

斯密德與富爾博的研究還對我們在思考「懲罰」一事時有若干啟發。[23]懲罰可以被理解為讓違反行為規範者受到傷害，以便他們未來可以改過向善。反支配惡意組可以被視為就在做這件事情。不過支配型惡意組並不需要懲罰來做為他們公平行事的動機。他們光是想到傷害人要先付出成本，就會打退堂鼓了。當支配惡意組與搭便車組構成穩定狀態時，讓局面保持穩定的不是懲罰帶來的威脅。斯密德與富爾博認為擔綱穩定器的，是負向分類，其中支配惡意組最可能去傷害與他們策略不同的人，並藉此獲取相對優勢。

在思考惡意是否在公平性的發展中扮演某種角色時，斯密德與富爾博引用德國哲學家尼采的觀念。在他的《道德譜系學》一書中，尼采論述著一樣東西出現的原因跟它如今使用的目的，兩者不見得有任何關係。亦即尼采認為懲罰現今的意義，與它一開始出現的原因，兩者並無關聯。按照這種思路，斯密德與富爾博認為，我們現在將之與懲罰連結在一起的行為，也許一開始只是人想要傷害其他人來獲致相對優勢。懲罰變成一種維持公平正義的機制，是很久很久以後的事情。我們會在本章稍後重返這個問題。

斯密德與富爾博的模型有一項限制，那就是它把事情簡化成人要麼每次行動都根據惡意，要麼每次行動都完全不帶惡意。很自然地，模型必須要簡化事情。一如阿根廷作家波赫士所說，世上最精準的地圖就是一比一的那一幅。[24]回想自己的一生，你做事情是不是偶爾帶著惡意，偶爾沒有惡意？

惡意行為的這種不確定性在二〇一四年一次電腦模擬研究中，被計畫負責人中國電子科技大學的陳小杰教授考慮了進去。[25]陳小杰的團隊創造了一個模型去檢視人採取高代價懲罰的各種效應。他們這麼做，是為了一個賽局，賽局中的每個人會先選擇要不要出錢給一個團體投資基金，然後不論他們出錢與否，都可以獲得報酬。接下來，玩家可以出錢懲罰那些沒出錢的人。有投資的人被稱為合作者，沒投資的人被稱為叛逃者，花錢讓叛逃者損失金錢的合作者，稱為懲罰者。

陳小杰團隊發現如果沒有任何合作者懲罰叛逃者，那合作者就能大致存活下來。但要這樣做，他們就得抱團成小圈圈。相對於此如果所有合作者都團結起來懲罰叛逃者，那合作者最終就會消亡。懲罰的成本對他們來講，太過高昂了。但真正讓人在意的是如果合作者只懲罰一半的叛逃者，會發生什麼事情。那淘汰了所有的叛逃者。這感覺很怪。懲罰一半的人，意味著兩種失敗策略的結合。如果你從來不懲罰對方，你多半會輸，而如果你每一次都懲罰對方，你必然會輸。但在兩種失敗策略間擺盪卻能通往勝利。這就是賽局理論中的「帕隆多悖論」（Parrondo's paradox）：兩種失敗策略會偶爾負負得正地成為一種勝招。

於是乎問題就變成了：為什麼在現實世界中，我們會偶爾採取高成本的懲罰，偶爾又不這麼做？陳小杰團隊認為答案存在於我們的情緒中。憤怒的情緒並沒有常軌可循。我們有時候會炸開，有時候又可以忍下來。這種不可預測性可以是一種美德，而不是一種錯誤。

對不公平行為做出的高成本懲罰，其本質究竟是什麼呢？我們這麼做是要嚇阻人嗎？是要讓他們改過遷善嗎？抑或我們是想要報復，想要降低他人的地位與競爭力？所以說，懲罰具有一種「競爭功能」嗎？[26]在二〇一九年一份引人入勝的論文裡，尼可拉·雷哈尼（Nichola Raihani）與瑞杜安·伯沙里認為，我們高估了懲罰中用來促進合作的成分比重。他們認為懲罰中具有比較強烈的復仇色彩。

關於懲罰是一種可以鼓勵合作的工具，雷哈尼與伯沙里點出了一系列問題。首先，我們會懲罰已經在合作的人。這就是我們之前提到的過的「貶損為善者」。這種懲罰不但不會促進合作，反而會拖合作的後腿。但這並不是個一翻兩瞪眼、無可反駁的論述。電擊去顫器可以用來砸在人的頭上，但那並不表示電擊器就是設計來砸人頭的。

但另外一個問題是，如果懲罰為的是促進合作，那麼我們應該只懲罰行事不公的人就好了。對方的不公平行為會導致他們追上我們多少，不應該影響我們的決定。但一如雷哈尼與麥可奧立夫所發現的，實情並非如此。[27]他們的實驗用上了一個兩人參與的遊戲，其中一個人可以從另外一個人那兒偷走錢。被偷的人損失永遠不變，但兩人的相對所得會變。有時候小偷最後的現金還是比被害者少，有時候小偷最後的現金跟被害人一樣，有時候小偷的現金結餘多過被害者。這項研究發現被害者要不要懲罰小偷的決定，會強烈受到小偷最後現金比自己多或少的影響。犯規的人過得比自己還好，會導致受害者傾向懲罰對方。他們懲罰對方不只是因為對方做了錯事，也不是為了促進合作，而是為了傷害以卑鄙手段超前他們的人。

還有些質疑，針對的是懲罰可以增進合作的證據。雖然研究發現懲罰與較高的合作程度有所關聯[28]，但這並不等於懲罰與合作增加之間存在因果關係。人改變行為，有可能是因為他們意會到對方願意合作，或是因為合作是團體中的常態。[29]更重要的是這類研究往往與現實世界脫節。它們沒有提供報復或貶損為善者的可能。它們忽視了我們鮮少與他人進行「一次性」的互動。在真實生活當中，人際互動永遠有下一回合。[30]

一旦你讓經濟賽局與模擬變革更接近現實世界，懲罰可以促進合作的證據就會弱化。如果你讓為善者遭貶損的情形被反應在電腦模擬中，那懲罰能帶動的合作成長就小到可以忽略。[31]如果你讓人在重複進行的同個賽局中付費去懲罰別人，那合作的程度就會升高，但玩家賺得的金額則不會成長。事實上，賺最多錢的玩家，都是那些使用最低成本懲罰的人。贏家是不懲罰的。達成這個結論的學者們認為高成本懲罰之所以能演化出來，或許是出於跟促進合作無關的理由。學者認為惡意是作為一種「強迫他人就範並建立支配階級」的手段而演化出來。[32]

懲罰在經濟賽局中的採用時機，也讓我們懷疑懲罰更常被用來支配而非改革。假設你與某人玩起多回合的賽局，而你的目標是使用懲罰來讓對方對你更公平些，那麼你就沒道理在最後一回合才進行懲罰，因為你最後一回合才進行懲罰，結果你也看不到了。但事實上，多數的懲罰真的就發生在最後一回合。這看來更像是人在把握最後可以傷害人的機會，而不是想要改革人的行為。那讓人聯想到怨偶離異時，臨別的恨意。這種做法符合某種想讓人痛，想讓人輸給自己的懲罰行為，而不符合某種想阻卻不公平的行為。

再者，懲罰在完全不可能阻卻作弊的情境中，也照樣會發生。比方說，克拉凱特團隊曾嘗試把懲罰的報復功能與阻絕功能區分開來[33]，結果他們發現有百分之十五的機率，人會付費去懲罰惡整過自己的人，即便那個人不會知道自己遭到懲罰。在此，人出手懲罰只是為了傷害對方，而不是為了教育對方。如果被告知對方會知道自己遭到懲罰，那付費懲罰的機率就會上升為兩成。這五個百分點的小幅增加，可以代表付費懲罰者想要藉此阻卻不公平行為的程度。如果以上描述成立，那就代表多數的懲罰都是一種報仇，少數是為了撥亂反正。不過就是關於這五個百分點，還有另外一種解讀是懲罰者是想要在財務損失以外，也打擊另一方的情緒（因為他們會知道自己惹怒了別人）。由此，表面上看來是想阻卻不公平的輕度嘗試，其實也可能是報復行為的小幅度補刀。

很多人擺明了就是在報仇，自身卻渾然不覺，而我們會知道這一點，仍舊是靠克拉凱特團隊的研究。他們根據人的行為，測量出了懲罰行為在何種程度上源自阻卻不公平的動機。阻卻行為說白了就是要教訓別人，讓別人知道他們違反了常規，並讓別人下次知道該怎麼做。克拉凱特的團隊還測量了人的懲罰行為有多少是源自報復的需求（單純想讓對方受傷、難過）。[34]當學者問到玩家的行為否是出於阻卻不公平的動機，得到的答案與玩家的行為相符。但當學者問起他們的行為有多少比率出於報復的動機，得到的答案卻與實際的行為搭配不起來。他們沒有意會到自己在報復。這也合理，是因為如我們先前所見，人內心對他人的報復之舉還是有些排斥，以至於玩家會有壓力要掩蓋自身的尋仇心理，為此他們會不惜道貌岸然地自欺欺人。我們誤導了自己去相信我們是出於高尚的理由在懲罰他人。但事實上我們關心的是如何讓別人痛，讓別人屈於我們之下。

克拉凱特與其團隊的研究成果，與斯密德跟富爾博的看法不謀而合。在此，懲罰演化出來的原因不是為了鼓勵非合作者洗心革面。合作與公平的增進只是人願意花錢傷人並獲致相對較高地位的副作用。按照這種觀點，我們是先演化出了用惡意對付人的能力來取得地位優勢，然後才重新將此人性定位為懲罰。

我們往往能靠本能察覺出懲罰的競爭本質。還記得在之前討論過的某個研究裡，最後通牒賽局的玩家可以在決定要接受或拒絕分成時寫下便條。其中一名玩家在拒絕分成時是這麼寫的：

> 抱歉，我也是人。當我握著所有牌的時候，你應該要試著安撫我而不是惹毛我。你明明可以跟我二一添作五，多麼容易，但你偏偏要覺得你放的屁比我香，理應拿得比我多，所以這下子你什麼也拿不到。怎樣，這樣你開心了吧？我知道我很開心。

我們出於什麼理由懲罰別人，是很重要的。如果我們懲罰人的動機是想讓人痛苦並高人一等，而不是想讓人洗心革面，那我們就會創造出各種危險的社會體系，去達成我們很有問題的目的。[35]

在相互競爭的世界裡，惡意的出現是一種潛在的適應策略，為的是讓你在與人的競爭中超前。不想讓人看出內心惡意的強大社會壓力，會讓我們把內心的那頭惡狼包裝成綿羊。想讓人相信你的惡意跟對地位的追尋其實是為了追求公益，最好的辦法就是先讓自己相信這個謊言。在人如此追求支配力的同時，一個料想不到的正面副作用產生了：社會變得更公平了。罪惡的樹，結出了良善的果。

惡意的意外好處還不只於此。惡意原本是我們拿來對付人的東西，但它也可以用來處理一些抽象的敵人。而這一點也可以為人帶來驚喜。

第五章　惡意與自由

理性規定了我們該為了生存與繁榮怎麼做。但對此我們既不用喜歡這些方式，也不是非得遵守。我們是一種可以對理性發火的理性動物。我們可以渴望別的東西。一如哈佛心理學者出身的精神導師雷姆・達斯（Ram Dass）所說，比起正確我們寧願自由。

我們只敢用惡意瞄準其他人類嗎？抑或我們膽敢冒大不韙，直接大逆不道地挑戰啟蒙主義跟抽象的理性？古代的以色列王亞哈（Ahab）就敢。「不要跟我說什麼敬天畏神，兄弟，」他在我們的耳邊怒吼，「太陽敢侮辱我，我照樣把它打下來。」一隻敢於拿著惡意對邏輯、對自然法則、對宿命出手的生物，將會是一頭悲劇性的野獸。但如我們將看到的，這種看似暴虎馮河的行為，也可以帶來好處。我們可以將璀璨與悲慘集於一身。

哈佛心理學者史迪芬・平克（Steven Pinker）主張，人類面對全球性重大問題的解決之道，存在於理性之中。[1]這看法呼應了啟蒙主義原則所說，我們必須運用理性去理解世界，克服自身愚昧的論點。在對信仰、權威與直覺不屑一顧，認為這些東西是「幻覺生成器」之後，平克主張在做決定時，使用理性是「無可退讓」的底線。

只可惜告訴人應該怎麼做，往往會得到反效果。在一項由耶魯心理學者史丹利・米爾葛蘭姆（Stanley Milgram）所做的研究中，某位科學家會指示受試者去增加對另外一名受試者的電擊強度，表面上為的是幫助後者學習。[2]百分之六十五的受試者會在達到四百五十伏特的最高電壓後繼續施加電擊。[3]但二〇〇九年一次這項研究的部分複製發現了一件怪事。當科學家指示動搖的受試者「你沒有選擇，你必須繼續」的時候，所有人都選擇了抗命。[4]這種現象的一個解釋，要從「自決理論」說起。自決理論認為，獨立自主是人類的一種基本心理需求。我們需要感覺到自己是自身命運的主人，我們需要感覺到「自己有得選擇」。[5]

Autonomy（自治）一詞最早是被用來描述有獨立法律的希臘城邦，其字源分別來自希臘文的autós（自己）跟nomos（律法或規定）。[6]用在人類身上，自治便衍生出獨立自主的概念。獨立自主的人類個體，是啟蒙主義的產物。[7]自主的個體並不是不受外在的影響，但可以在深思熟慮後認同或反對那些影響。[8]他們除了自我要求以外不受任何規定約束。[9]他們可以運用理性與理性思考去導引自身的行為，藉此讓其符合自身的價值。

一個人能自治到什麼程度，我們不得而知。但在自治這種觀念看似平靜無波的水面之下，游動著深邃而未解的各種問題。[10] 我們的價值在什麼程度上，是真正屬於我們的價值呢？為了某人好而去限制某人，一定都是不對的做法嗎？認為「自我」可以選擇的觀念說得通嗎？把人視為自治的存在去對待，是很糟糕的做法，但其他做法是糟糕中的糟糕。[11]

我們對於自治的需求，可以用「叛逆」（reactance）的概念去衡量。[12] 叛逆指的是遇到自由被限縮時，個人的反應強度。曾高喊過那句名言「不自由，毋寧死」的派翠克・亨利（Patrick Henry），就很有機會成為歷史上的叛逆冠軍。[13] 叛逆的強度因人而異，也會在人生的不同階段中起起伏伏。任何當過父母的人都知道，叛逆的高峰會落在「恐怖的兩歲」與青春期。而任何當過孩子的人都知道，爸媽一旦老了也可以相當叛逆。[14]

但這種會被人拿來威脅的自治需求，一開始是怎麼出現的呢？要回答這個問題，我們可以思考一下：如果今天我們完全沒有自由意志的話，會發生什麼事情？我們會不會對自身的行為變得毫無責任感？用杜斯妥也夫斯基的話說，如果自由意志不存在，那活在世間是否就百無禁忌了呢？這種猜想在二〇〇八年一項由凱瑟琳・佛斯（Kathleen Vohs）與強納生・史庫勒（Jonathan Schooler）主持的研究中，受到了檢驗。[15]

在他們的研究中，受試者閱讀了由諾貝爾生理暨醫學獎得主法蘭西斯·克里克（Francis Crick）所著《驚異的假說》（*The Astonishing Hypothesis*）一書的若干段落。其中一組人讀到克里克宣稱聰明人現在相信自由意志是一種幻象。另一組人讀到書中跟自由意志完全無關的段落。之後，學者讓兩組人接受數學測驗，並讓他們有機會在過程中作弊。結果是有接觸到克里克反自由意志觀點的第一組人，作弊的比率較高。佛斯與史庫勒的結論是，人一旦對自由意志失去信心，社會不樂見的行為就會受到鼓勵。這當中的邏輯是，沒有自由意志就沒有責任感，沒有責任感就什麼事都做得出來。

隔年另一個研究團隊發現了進一步的證據可支持上述結論。美國心理學家洛伊·包麥斯特（Roy Baumeister）團隊請兩組受試者分別閱讀支持與反對自由意志的句子。[16]被誘導對自由意志喪失若干信心的人會變得較不願意助人，而較願意展現攻擊性。這是個令人憂心的現象，因為這會讓社會大眾覺得人生操之在己的部分變少了。[17]至於這一點會影響社會體質到什麼程度，還有待我們更進一步去了解。

客觀上不論自由意志究竟存不存在，主觀上我們大都覺得自己擁有這種東西，而且將之捧在手掌心，視若珍寶。自由的感覺一旦受到威脅，我所謂的《英雄本色》效應就會遭到觸發[18]，那代表我們會產生動機要去收復我們失去的或正受到威脅的自由。看過《英雄本色》電影的朋友應該都不陌生梅爾・吉勃遜所扮演的民族英雄威廉・華萊士，是如何慷慨激昂地號召蘇格蘭的子弟兵：「他們或可奪走我們的生命，但他們永遠奪不走我們的自由！」華萊士接著在戰場上衝鋒，為的正是從英格蘭人手中搶回他們原本的自由。

《英雄本色》效應始於怒火與惡意的燃起。[19]我們內心會因那些威脅我們自由的個人或團體，湧進負面的情緒。我們會排斥被強加的人事物。我們會渴望自己被奪走的東西。接著我們便會開始設法得回我們失去的自由之心。

具體而言，我們會開始故意去做那些被告知不能做的事。如果有法官指示陪審團忽視他們剛剛明明聽到的說法，陪審團員就有可能反而想著那些不被列為證據的事實，更往心理去。[20]《英雄本色》效應也可能導致我們故意不去做別人預測我們會做的事。[21]被告知你沒有選擇地一定要相信某樣你恰好原本就相信的東西，反而會讓你變得比較不相信這樣東西。[22]

《英雄本色》效應與惡意之間存在明顯的聯繫。在遇到自由遭受到威脅時，《英雄本色》效應就會觸發惡意反應。我們會付費去懲罰任何奪走我們自由的人事物，為的是重拾一切操之在我的感受。威脅到我們自由的可能是另外一個人，可能是某個敵國，也可能是限制住我們的自然法則或理性。就以把矛頭對準抽象主體的惡意來說。雖然啟蒙主義鼓勵我們將理性跟自由視為一體的兩面，我中有你，你中有我，但其實在特定狀況下，理性跟自由可以像是有不共戴天之仇。

在極權國家中，理性可以是自我解放的工具。在喬治・歐威爾的《一九八四》中，主人翁溫斯頓・史密斯受到一名政府幹員的折磨，因為後者要他嘴巴上說，要他心理相信，還要他腦中認知二加二等於五。按照一名書評所言，「當歐威爾筆下的主角在為了『二加二等於四』奮鬥時，當他一而再，再而三地重複這個加法算式，就像那是某種生命與自由的祕密配方時……（那儼然）成了自由的象徵，免於被全能的黨操控的自由。」[23]

但在其他作者的筆下，「二加二等於四」的粗暴事實則可能代表是潛在的壓迫。杜斯妥也夫斯基在其作品《地下室手記》（*Notes from the Underground*）中，便將這一點戲劇化成了一個故事。故事始於設定場景的一句：「我是個病態……我是個充滿惡意的人。」[24]而主人翁也解釋了這話怎麼說。

二乘以二等於四在我眼裡，似乎是一種傲慢的存在。二乘以二等於四就像是插腰擋住你去路，並且還在吐痰的蠢貨。我承認二乘以二等於四是很棒的事情，但如果我們真要去讚美美一樣事情，那二乘以二等於五也是樣很迷人的小東西……人是一種想幹嘛就幹嘛，而且有著各種不理性的生物，也或許就像西洋棋手一樣，只喜歡棋局過程，而非結果。

對地下室的這位仁兄而言，這個簡單的乘法之和象徵著「人類面對自然法則的不自由」。[25]地下室的男人感受到人類行為必須接受理性要求的驅策的概念，是一種壓迫。《英雄本色》效應啟動。他採取了要去恢復自由感受的行動。他在行動中發揮了惡意，並將惡意瞄準了理性本體。他拒絕為了肝病去看醫生。他在牙痛中感受到歡愉。他樂在其中的是自身的墮落。地下室男人明白他不是自然法則的對手，但他也知道這不代表他得強迫自己去喜歡自然法則：「我無法一頭把那道牆壁撞破，我沒有那種力量。但我也不想被摸頭，不想因為那是一道石牆而我力量不夠，就被牽著鼻子走。」

杜斯妥也夫斯基藉地下室男人提出了他對人性的觀察，他認為人前進的動力不來自理性的自利，而在於人類需要感受到自由。按他所說：「是什麼讓他們認為人類肯定需要一種理性上占優勢的選擇呢？人需要的就是獨立自主的選擇而已，就這麼簡單。至於那樣的獨立需要付出何種代價，可能通往哪裡，都是次要的事情。而選擇，當然啦，天曉得那會是什麼樣的選擇。」[26]

杜斯妥也夫斯基這本寫於一八六四年的作品靈感，來自於當時俄羅斯紛亂的時代背景。一八六一年初，俄羅斯有三分之一的人口是農奴，是被跟地主、土地綁在一起而沒有自由的佃農。但到了同年年底，俄羅斯已經一個佃農都沒了。一八六一年二月，沙皇亞歷山大二世簽署了成文法，廢黜了農奴制。兩千兩百萬男女老幼重獲自由。[27]而這也給了俄羅斯的知識分子動機，去搜尋一種新的人類。[28]

在當時，俄羅斯存在著一種世代斷層。伊凡．屠格涅夫（Ivan Turgenev）在他的著名小說《父與子》裡描繪了這種狀況。老一輩，也就是屠格涅夫作品中的父親們，是屬於一八四〇年代的俄國人。他們是浪漫主義者與理想主義者，他們喜在人類本善的基礎上創造出自由、團結與平等。他們的兒子，屬於一八六〇年代的俄國人，排斥一八四〇年代的浪漫主義。相對於此，他們像信仰一樣崇拜歐洲的啟蒙主義。對他們來說，釜底抽薪的變革必須來自理性與科學，而且分秒必爭。

一八六〇年代的新世代對人類有一種機械式的理解。他們是自然主義信條的徒眾。達爾文出版於一八五九年的《物種源始》（*Origin of Species*）鼓勵把人類視為世界上一種物理性的存在，因此也同樣必須與其他物體遵循同一套自然法則。自然主義認為我們怎麼不帶感情的去研究動物跟岩石，就應該怎麼不帶感情的去研究人類。屠格涅夫在他對屬於一八六〇年代的巴札洛夫在解剖青蛙時的描繪，捕捉到了這種自然主義的精神。巴札洛夫解釋說：「我將把青蛙劃開，看看牠體內有些什麼，然後由於你跟我基本上都只是靠兩腳走路的青蛙，因此我也能因此推論出我們的體內有些什麼。」

這些年輕人是實用主義者。他們認為生命的意義是幸福的最大化，因此什麼東西能最大化幸福，什麼就是正義，而所有的理性行動都應該要瞄準這個目標。當這個世代把自然主義與實用主義合而為一，人類就成了追求歡愉與避免痛苦的機器。

俄羅斯作家尼古拉・切爾尼謝夫斯基（Nikolai Chernyshevsky）在他一八六三年的暢銷小

說《怎麼辦？》（*What Is to Be Done?*）中描繪了誕生自這種意識形態的生物。在這本副標是「關於新人類的故事」（Tales About New People）的書中，切爾尼謝夫斯基表揚了一心一意以理性與科學為尊的人類。在切爾尼謝夫斯基看來，無知是罪惡的淵藪。只要人知曉自身的利益所在，他們自然會將這樣的理解化為行為，以公民身分加入一個道德與理性上的完美社會。等待著他們的將是「亮麗又美好」的未來。

杜斯妥也夫斯基認為切爾尼謝夫斯基誤會了什麼。如果《地下室手記》出版在今天，書名多半會被改為《切爾尼謝夫斯基的幻覺》。杜斯妥也夫斯基看著人類，他看到的不是只要有人告知，就會自動按自身最佳利益去行動的生物。他看到的是明明懂得光明，卻還是會朝幽暗與危險的黑夜奔去的生物。不認清這項事實，就是對人性執拗的黑暗面視而不見。今日的類似論調，可以在哲學家納西姆．尼可拉斯．塔雷伯（Nassim Nicholas Taleb）的書寫中看到。塔雷伯寫道，「只要你不是洗衣機或咕咕鐘——亦即只要你有生命——你靈魂深處就會對隨機與混亂有幾分無法割捨的依戀」。[29]

杜斯妥也夫斯基與切爾尼謝夫斯基的差異，預示了美國作家湯瑪斯．索維爾（Thomas Sowell）在其《觀點的衝突》（*A Conflict of Visions*）一書中揭露的各種觀點。[30]索維爾認為我們面對人類可以有兩種基本的立場。第一種是「無限觀點」，亦即人想變成什麼都可以。我們是可以精進的生物。在這種觀點中，邪惡的問題可以透過教育、理性與環境的改變去化解。與之相對的是「有限觀點」，亦即人與生俱來具有缺陷。邪惡無可避免且必須加以圍堵。權威與傳統是控制人性黑暗面所必備，屏棄這兩樣東西將會是人類的一場豪賭。

杜斯妥也夫斯基看到了人感覺被自然主義與實用主義困住而不自由，具有什麼樣的潛力。於是他藉地下室男人之口說道：

只要他們向你證明，比方說，你是從猴子演化出來的，那麼你再怎麼齜牙咧嘴也無濟於事。接受這項事實就是了。當他們向你證明了在現實中，你自身的一滴脂肪都比數十萬條同類生命更重要，而這結論就是所有所謂美德與責任、偏見與幻象的正解，那你就只能接受，你不接受也改變不了什麼，因為二乘以二就是數學上的定理。不信你反駁看看。

理性不是壞事，但理性不是人性的全貌。地下室男人說：「理性是好事，這一點無庸置疑，但理性就是理性，不是其他東西，理性只能滿足人性的理性面，意志才是生命的完整呈現。」

杜斯妥也夫斯基相信比起歡愉與理性，人有更放在心上的東西。如他讓地下室男人解釋的，「事實是，各位先生，有樣東西看似是真的存在，而那東西對幾乎所有人而言，都要比其最大的優勢更受重視……為了這樣寶貝，人甚至會不惜與各種法則站在對立面；我是說人會為了這樣東西與理性、榮譽、和平與繁榮一戰。」

杜斯妥也夫斯基宣稱我們有種想要感覺自由的血性。人因此會拒絕接受自己是根據定律在運行的機器。他們會拒絕接受自己是天界的鋼琴家用來表演的鋼琴。地下室男人認為即便我們沐浴在所有的歡愉、舒適與福氣中，人類還是會：

> 出於單純的不知好歹、單純的惡意，而去用惡劣的把戲耍你。他甚至會賭上自己的蛋糕，會故意渴望最要命的垃圾與最不具效益的荒謬行徑……就只是為了向自己證明——雖然那明明一點也不必要——人依舊是人，而不是鋼琴的琴鍵。要知道自然法則正威脅著要伸出控制之手，以至於說不定很快地，我們渴望什麼，都只能

看月曆了。

在地下室男人的觀點中，即便科學可以證明人類的行為是完全被決定好的，這仍會導致某些人：

刻意懷著純粹的不知好歹去做些變態的事情，以便藉此證明自己的論點。如果他找不到辦法這麼做，他就會設計毀滅與混亂，就會謀畫各式各樣的苦難，為的是證明自己的觀點！他會詛咒世界，而由於只有人類能詛咒（那是他的特權，也是人與其他動物主要的差別），因此他唯有靠著詛咒，才能達到他的目標——也就是說服自己他是個人，不是鋼琴琴鍵！如果你說這一切都可以經過計算與製表，混亂與黑暗與詛咒，以至於光是在事前計算出一切的可能性，就能讓一切停止，而理性會重新抬頭，那麼人就會故意發瘋去擺脫理性，去證明自己！我相信，我負責，因為人的一切作為看來就只是為了一件事情，那就是向自己證明每一分鐘他都是個人，不是鋼琴琴鍵！就算要賭上一命也在所不惜。

在這種觀點中，我們比較不是對理性說不的理性生物，我們比較是對當機器說不的機器。地下室男人已準備好了要用惡意去對付理性與不可避免性，好撼動自己的停泊處，重獲自由。我們與理性與自身最大利益對著幹，是因為那能換得感受到自由的好處，而這就是我所謂的「存在性的惡意」。

存在性的惡意要能存在，我們必須獲致自由的感受，才能發自內心感覺值得。我們必須要將之視為一種目的而非手段來渴望。關於自由具有的是工具性的價值（自由的價值在於我們可以用自由去做別的事情）還是本質性的價值（自由本身就是價值之所在），一直以來有許多爭論。[31]但兩種價值都應該是合理的，性行為讓我們能夠產生下一代，但我們也不光是為了繁衍後代而從事性行為。

在現代世界中，我們不難感覺到「自由受到具體壓制」以外的威脅。啟蒙運動的產物，不論是新發現的自然法則，還是新崛起的專家階級與其所提出的指示與警告，都可以被視為是在限縮我們的自由。惡意的反叛因此可以趁勢而起。反支配的惡意會帶著我們去嘗試打敗宿命。

在他人想要支配我們的時候去反抗，是合理的做法。但把這種叛逆用在理性之上，似乎有點不夠深思熟慮，甚至是相當危險的。將惡意從人際脈絡中脫鉤，然後將之應用在某種抽象的立場上，是會帶來嚴重後果的。我們會像飛蛾一樣，本能地朝月光飛去，但如今電燈成了新的月亮。存在性的惡意會讓定義人類的東西除了理性以外，還多了一樣我們想抗拒理性的意志。[32]

存在性的惡意，也是付出一點代價來換得在理性的號令面前能保留一點自由的感受，看似只有壞處。說到自然法則，贏的永遠是莊家。存在性的惡意只能是災難收場。抑或是嗎？對此世間也有兩款反對意見。

首先，拒絕理性不見得等於不理性。平克謳歌理性的傑作《再啟蒙的年代》（*Enlightenment Now*）宣稱理性是人類問題的唯一解方。[33]我不懷疑他是對的，長期而言。但理性有有其黑暗面。理性是我們社會中僅存獲人接受的支配型態。言之成理的論述能夠勝出，靠的是哲學家尤爾根・哈伯瑪斯（Jürgen Habermas）所謂的「非暴力的暴力」（unforced force；德文為 zwanglose Zwang）。但話說到底，暴力就是暴力。人類也同樣憎恨理性的暴力支配。前英國司法大臣麥可・戈夫（Michael Gove）在二〇一六年的脫歐公投中，一針見血地捕捉到了英國民眾的心情，他說「這個國家的人已經受夠了專家的霸凌」。

你可以主張若旁人嘗試用理性來支配你，那麼你也可以把理性當作一種反支配的工具。如果有人想用理性說服你接受某件事情，那你也可以用理性來加以掙脫，但這種說法要成立有一個前提，那就是所有人都能在同等的基礎上取用理性。事實上，理性並非免費，理性本身也是一種資源。如維吉尼亞・吳爾芙（Virginia Woolf）所言，「年收五百（英鎊）代表的是沉思的力量」。理性需要空間。吳爾芙還說過，「門鎖代表的是能一個人思考的權柄」。理性還需要時間。但這一條我就舉不出吳爾芙的名言了。不過總之，理性有可能被特權者用來當成支配的工具。面對精巧的詭辯或論述，而我們又沒有優渥的條件去挑剔跟反擊時，惡意就會成為我們最稱手的反支配回應。

理性也是一種傲慢。啟蒙運動思想家認為他們的論證優於累積了數千年的嘗試錯誤與傳統智慧。他們在這一點上或許是對的，但他們也沒少錯過。但無論如何，我們所受的教育就是讚頌進步的理論家，而把退步的傳統主義者妖魔化。我們可以將此連結回索維爾的兩種觀點。秉持無限觀點的人認為我們可以靠理性達到烏托邦。相對之下，抱持有限觀點者則會以懷疑的眼光認為我們需要更倚賴嘗試錯誤的傳統。

喬瑟夫・漢瑞奇在其人類學著作中給出了演化上的理由，說明了我們何以需要關注理性。在其大作《我們成功的祕密》（*The Secret of Our Success*）中，漢瑞奇首先回顧了個人理性遜於傳統智慧的案例。[34]他討論了歐洲探險家造訪狩獵採集者生存了數百年的地點。要是沒有理性與傳統的共同導引，而只靠一點小聰明，那些探險家往往都難逃餓死的命運。

漢瑞奇認為理性不僅有其不足之處，他甚至認為理性本身就具有危險性。他書中提到的不少案例，都是傳統讓你安全無虞，但理性卻讓你丟掉性命。就以斐濟的孕婦為例，她們的傳統禁忌是吃鯊魚。被問到為什麼，斐濟婦女表示她們覺得吃了鯊魚，嬰兒生出來會皮膚粗糙。這要是用理性去思考，你會覺得是胡說八道。如果斐濟婦女也這麼想，然後就去吃了鯊魚，那將是一個錯誤。此處的傳統要比理性有智慧。懷孕吃鯊魚會有害於斐濟母親未出世的孩子，因為這些鹵鯊體內有累積的毒素。[35]

歷史上如果有人在施展理性時顛覆了傳統的智慧，造成危險，甚至讓人受到生命威脅，那用惡意去對付理性也不是個壞主意。至少偶爾是如此沒錯。今日我們使用理性的能力已有長足進步。我們手握新的貝氏方法（Bayesian approaches，長老會牧師湯瑪斯・貝葉斯〔Thomas Bayes，1702~1761〕發明的統計推理方法論）[36]與系統，如同儕審查，來協助我們思考。這讓存在型惡意不再只是一種逃避致命理性陷阱的辦法，而使其成為一種與理性支配霸權對抗的利器。

存在型惡意第二種潛在的好處，是它可以讓人變得更有創意。在看似無法克服的機率面前醞釀惡意，可以鼓勵我們堅持下去，並讓我們發想出新的辦法去解決問題。「演化可以獲致創意的力量，靠的是面對不可能的的英雄氣魄，而不是靠在可能範圍內當個奴隸。」芭芭拉・伍頓（Barbara Wootton）表示。[37]按照這個思路，我們可以從設定目標的角度去思考存在型惡意。

我個人還在金融業服務的時期，曾經被洗腦過一種想法是目標必須「聰明」，必須明確、可測量、可達成、務實，而且符合當前需求。這觀念至今都還被奉為圭臬。但這些目標要素真的有道理嗎？我們不該偶爾設定一些別人告訴我們不現實的目標嗎？我們可以用《英雄本色》效應來創造叛逆心理，然後再用這股叛逆來激勵我們達成目標。本質上，我們會對「這辦不到」的情緒產生一種惡意的反應。我們會讓自己暴露在失敗的高風險中，並嘗試證明理性與傳統智慧是錯的，讓這兩者付出代價。這類行為的出發點是惡意，只不過行為人會希望惡意的效果能夠延後發酵，畢竟沒有人在動手時就想著失敗。

這一點我們可以在商業世界裡觀察到，主要是商界中有一種概念叫做「延伸性目標」（stretch goal），也就是那些被認為幾乎或看似不可能達成的目標。[38]延伸性目標的祖師爺，是甘迺迪總統想在一九六〇年代結束前達成的登月計畫，那在當時是在技術上被認為有瓶頸的事情。[39]也因此這類難度極高、異想天開的計畫，也偶爾會被人稱為「管理上的登月任務」。[40]

懷著惡意去與傳統智慧對著幹，似乎是種深植於我們內心的人性。尼采認為人的幸福有部分來自於「力量增加的感受」。尼采這麼說，是想強調我們能從克服阻力中獲得愉悅。對他而言，赫胥黎《美麗新世界》中那種靠索麻（一種沒有後遺症的迷幻藥）賦予人的幸福，根本與地獄無異。

喬治．歐威爾也提過這種人對於奮鬥的需求。在他於一九四〇年對希特勒《我的奮鬥》進行的書評中，歐威爾表示幾乎所有的西方思想都想當然耳地認為人「只想要安逸、安全與避免痛苦」。這是一款極端功利主義的人生觀。歐威爾看到的是「享樂主義人生觀的虛假」。[41] 在他認為，人生不只如此而已。

耶穌與希特勒的理念顯然是天差地遠，但萬一這兩人真的能達到一項共識的話，那就是：人光靠麵包是沒辦法活的。歐威爾表示希特勒知道人「不只想要舒適、安全、短工時、衛生、避孕還有各種大家有共識的東西」。歐威爾肯定希特勒看清了一點，那就是人類「起碼會間歇性地想要奮鬥、想要自我犧牲，更不用說鼓樂、旗幟與忠誠的遊行。」在這一點上，歐威爾寫道，「法西斯與納粹主義比起享樂主義的人生觀，前者在心理層面上要健全多了」。歐威爾還補充說：

相對於社會主義，甚至口氣稍微不情願一點的資本主義，都會告訴人民「我會給你們好日子過」，但希特勒說的是「我會予你們以掙扎、危險與死亡」，於是乎德國舉國投身於他的腳下。或許稍後他們會受夠這一切，改變內心的想法，就像在上一場世界大戰的尾聲那樣。在歷經了幾年的血腥屠戮與飢腸轆轆之後，「最多數人最大的幸福」已經淪為一個口號，但在當下，「用恐怖為事情畫上句點，總好過事情看不到結尾而只有恐怖」是極具號召力的話術……我們不應低估其情緒上的渲染力。

或許關於我們對奮鬥的渴望最口若懸河的描述，也是所幸沒有召喚出希特勒的一次描述，出自英國科幻作家道格拉斯・亞當斯（Douglas Adams）之口。在《銀行便車指南》（*The Hitchhiker's Guide to the Galaxy*）的BBC廣播劇版本中，亞當斯讓故事主人翁亞瑟・丹特來到一顆醫學已經進步到不治之症幾乎絕跡的行星，但這件好事卻產生了一種意想不到的效應：

如同多數的醫學治療，徹底根治產生了許多不太好的副作用。無聊、無精打采，嚴重欠缺……所有太過分的事情，而這些發展也讓人意識到沒有人比步步進逼的耳聾問題，更能讓小有才華的音樂家蛻變為不世出的天才，也沒有什麼比不可逆的腦部傷害，更能把正常而健康的個體改造成偉大的政治或軍事領袖。突然之間一切都變了……醫生重新忙碌起來，開始把被他們消滅掉的各種疾病與外傷帶回這個世界，而且還將之改造成方便使用的普及版本。由此由於各種所需身體缺陷的供應無虞下，即便是簡單如打開三維立體電視這種小事，也可以化身巨大的挑戰，而當所有頻道上的所有節目都貨真價實地由唇顎裂的演員詮釋，由讀寫障礙作家寫成的臺詞，並由盲人攝影師負責拍攝，而不只是裝模作樣，整件事感覺就益發值得去做了。[42]

亞當斯無異於在講述延伸性目標：一種人為的危機，為的是透過掙扎來激發出人心中的意義。[43]存在型的惡意會推著我們去嘗試達成延伸性目標，啟動我們內心深處想奮鬥的欲望，藉此創造出空前創新的辦法來解決問題。確實，想挑戰延伸性目標，就必然要拿出創意。[44]一如投資銀行高盛前學習長與董事總經理史提夫．柯爾（Steve Kerr）所強調，延伸性目標可以「讓你的手下拿出讓自己都嚇一跳的表現」。[45]存在性惡意可以催生出自我突破。

你不難想像延伸性目標也可能產生大差錯。身為員工者可能會被這些目標搞得生無可戀，特別是在對失敗零容忍的企業內。[46]這些目標有可能後天導致人的無力感——在我們控制不了也逃避不了的問題面前體驗到挫敗與抑鬱。設定這些目標組織也可能遇上麻煩。像在二〇〇一年，歐洲車廠歐寶就身陷危機，那年他們虧損了超過五億美元。在資源不足的狀態下，他們仍嘗試挑戰了一個延伸性目標：在兩年內轉盈。結果與他們的預期差了一大截，而這場慘敗也落井下石地重創了公司內部原已很低迷的士氣。[47]

麥德哈尼・蓋姆（Medhanie Gaim）研究團隊認為福斯想把車子做得快速、平價又環保，也是延伸性目標走歪了的一例。[48]要讓車輛性能、油耗、潔淨性三合一，談何容易。油耗較佳的柴油引擎排放量較大；性能較佳代表油耗會變大。其他德國車廠如BMW與賓士都判定了「跑得快－省油－環保」是難以同時達到的境地。被逼急了，福斯只好裝上一種只有在接受官方檢測時才會啟動的廢氣排放控制器。二〇一九年初，爆發的醜聞讓他們付出了三百億美元的代價。[49]

雖然有造成災難的可能性，但延伸性目標也有機會造就偉大的成功。一九七二年，西南航空面對的問題是他們只有三架飛機，卻有四架飛機的航線要飛。由此他們設定了一個延伸性目標，在十分鐘內讓飛機在機場閘口掉頭。包括西南航空的部分員工、他們的競爭對手、美國民航局，還有做飛機的波音公司在內，大部分人都不看好他們能變出這種魔術。在當時，飛機在機場掉頭的基本耗時是一個小時。但透過這種一不做，二不休的激進做法，還效法了賽車場維修區人員的快手快腳，西南航空終於成功達成了自己的目標。[50]

另外一個企業成功設下延伸性目標並成功的例子是洗腎中心業者DaVita。一如杜克大學商學院辛姆．席特金（Sim Sitkin）團隊的說明，DaVita面對的問題是，他們九成客戶都參加不完全給付洗腎的政府保險。作為因應，DaVita決定設下的延伸性目標是在四年內省下六到八千萬美元的成本，並同時讓病人洗腎的效果跟員工的工作滿意度獲得提升。為了做到這點，他們在內部成立了一個新的「先鋒團隊」，而這個團隊的領袖芮貝卡．葛里格斯（Rebecca Griggs）回憶說，「我們完全不知道該如何在這麼短的時間內省下這麼多成本。事實上，我們根本不確定這個目標的可行性」。但事實證明在短短幾年內，芮被卡的團隊確實讓成本下降了六千萬元，同時住院洗腎的病人人數下降，員工的工作滿意度則相應上升。[51]

由此衍生出的問題是：哪些因素影響著一家公司能不能成功達成延伸性目標？席特金與團隊認為，企業應該要在他們已經站穩腳步且連戰皆捷時肩負起延伸性任務。如果一家公司想在其弱不禁風時挑戰延伸性目標，那這傳遞出來的觀感就是恐懼與孤注一擲。很不幸的是，管理層往往都選在公司孱弱時進行嘗試。為了證明這一點，席特金引用了心理學文獻裡關於損失趨避與決策的內容。心理學家丹尼爾．康納曼與阿莫斯．特沃斯基（Amos Tversky）曾知名地表示過失敗會讓人想賭一把大的來脫困。[52]由此，愈是掙扎中的公司就愈可能鋌而走險。

對康納曼與特沃斯基著作的另外一種解讀，是愈成功的公司就愈可能排斥風險，即便他們明明最有條件跟動機去透過冒險獲利或達成延伸性目標。這類公司會隨著成功而變得自我感覺良好。想要繞開這種弊病，一個辦法是用人為的方法，讓企業感覺受到威脅，就像道格拉斯・亞當斯所分享的觀念。席特金描述默克大藥廠的執行長肯尼斯・弗雷澤（Kenneth Frazier）就曾使用過這種辦法。[53]弗雷澤要手下大將換位思考，想像一下如果他們是自家對手，會出哪些招來扳倒默克。這會人為創造出一種危機感，進而讓默克有動力承擔新的延伸性目標。

延伸性目標也可以用來解決我們面對的環境問題。在環保問題上，延伸性目標的創造過程會始於讓利害關係人去想像一種「讓人躍躍欲試的另類未來」，然後由這些人去設定要達成願景所需的目標。比方說，蘇格蘭公益機構「生命之樹」（Trees for Life）的成立宗旨是復育蘇格蘭高地中北部的林地生態，包括重新引入河狸、野豬、山貓、麋鹿、棕熊與野狼。這樣的志向代表的就是一種延伸性目標。這在許多人眼裡或許不切實際，但這並不影響其作為一種對短期里程碑具有啟發性與引導性的願景。[54]

不論你從事的是將本求利的商業，是要拯救地球的志業，還是任何一種形式的創意發揮，設定看似搖不可及的目標都可以有效觸發《英雄本色》效應，讓存在型惡意為我們所用。

透過人為的方式召喚出我們的反支配性格，藉此去與理性或傳統等跋扈的抽象怪獸對戰，不讓它們使我們分心，我們便可驅策惡意去推進世界的進步，也去達成看似「不可能」的目標。我們的生物衝動可以被用來創造嶄新且正面的文化改變。惡意如何改變我們的文化是一個不容小覷的問題，尤其是在政治的範疇中。

第六章　惡意與政治

選舉是極適合惡意現身的場合。政治是我們爭辯何謂公平的地方。主觀認定的不公不義，跟有人跑在我們前面，會導致我們怒火中燒，而那正是最核心的政治情緒。[1]這也有機會觸發反支配惡意。在政治領域中，如我們在本章會介紹的，反支配惡意可以以「唯恐天下不亂」的型態現身，其後續效應具有潛在的災難屬性。政治也是我們設法跑在別人前面的地方，為此我們可能會搬出支配型惡意來達成這個目的。害怕報復通常會讓我們不敢恣意揮灑惡意，但在不記名的選舉裡，我們可以躲在簾子後面投票。隱身在名為匿名的暗處中，惡意便會掙脫枷鎖。我們迄今對於惡意所累積的認知，將有助於我們對當代甚至未來的重大政治事件，都有更完整的了解。

希拉蕊・柯林頓是為自己拉票的高手。事實上就普選而言，她的吸票能力比川普強上將近三百萬票。只可惜川普的選戰團隊、媒體報導、民主黨、俄羅斯政府，甚至是柯林頓本人，都共同擁有一種讓人不要把票投給她的本領。柯林頓在二〇一六年的敗選不是單一原因造成。我更不會說她沒贏完全是惡意害的。但話說回來，如果要認真回答「當時發生了什麼？」，那我們自然不能對惡意政治的影響力視而不見。

從外部觀察美國政壇，二〇一六年的總統大選似乎就是一場懲罰遊戲。不過分地說，當選民走進圈選處的瞬間，他們心裡想的不是「我應該支持誰？」而是「我應該傷害誰？」這種懲罰，主要鎖定的對象是希拉蕊・柯林頓，而且對川粉來說，這是種代價相對低廉的懲罰。至於不那麼死忠的希拉蕊選民，則可能直接就不去投了，因為這種懲罰的代價相對高一點，畢竟你總是得花時間跟精力出門前往投票所，才能把票投給包括綠黨代表吉兒・史坦（Jill Stein）在內等第三方候選人。懲罰代價要更高一點，就是由希拉蕊的支持者投票給唐諾・川普，即便川普當選可能會傷害到自己、美國跟全世界，他們也在所不惜。以上三種懲罰似乎都可以在二〇一六年的大選中看見，所以我們可以說那年的選舉就是選民在「賭藍」希拉蕊。

有人或許不相信有人會不按照自己的最佳利益去投票。但擺在眼前的事實是，有不在少數的未過半選民使出了惡意。為了建立一項事實——**真的有人為了噁心希拉蕊而投給川普，或至少在投票行為上考慮到對希拉蕊的不爽**——我們必須知道兩件事：首先，真的有人發自內心想懲罰希拉蕊；其二，這些人明知投給川普不是他們所願，而且可能損及傷害到他們自身的利益，但還是這麼做了。這兩件事都有證據可循。

首先，我們可以來看看有線電視新聞網（CNN）所做的出口民調，當時記者問了選民：**你們對自己投下神聖一票的候選人，有什麼看法？**[2] 結果有四分之一的受訪者表示他們對投票支持的候選人並不是很有感，甚至說他們根本就對投票支持的候選人有疑慮。既然如此，他們為何要投票給這樣的人呢？很簡單，他們更討厭這個人的對手。在有以上感覺的選民當中，投給川普的有百分之五十，投給希拉蕊的只有百分之三十九。換句話說，選民因為討厭希拉蕊而投給川普的機率，要大於他們因為討厭川普而投給希拉蕊。

皮尤研究中心（Pew Research Center）的民調得到了類似的結果。[3] 他們的研究發現在投給川普的選民當中，百分之五十三說，與其說他們是支持川普，不如說是反對希拉蕊。這一點與之前的美國大選可以說是天差地遠。在二〇〇八年歐巴馬對決麥坎或二〇〇〇年布希交鋒高爾的選戰中，不分陣營都有大約六成選民表示他們的投票行為反應了對候選人的真正支持。很顯然，二〇一六年選戰的主軸是懲罰，但那是種高成本的懲罰嗎？

乍看之下是的，因為根據我們的第二項標準，有證據顯示某些人投給川普時，很清楚這麼做會使他們付出代價。[4]比方照理說，你不應該覺得自稱川普勝選會讓他們心情不好的那群人裡，會有人投給川普，但這群人中確實有百分之十三投給了川普。同樣地，你也不該覺得說川普當選會讓他們擔心的那群人裡，會有人投給川普，但這群人當中確實有整整三分之一把票蓋給了川普！最後，有三分之一的選民說他們會因為川普入主白宮而覺得害怕，而這當中也有百分之二投給了川普。[5]

這些資料顯示，很多人承認即便川普當選會讓他們不爽、擔心、害怕，卻還是把票投給了川普。有相同疑慮而把票投給希拉蕊的人，則顯得比較少（比含淚投給川普者少三分之一到二分之一）。[6]所以說，有人明知自己會吃虧，但還是為了想懲罰他們更討厭的希拉蕊而把票投給川普，是完全可能發生的事情。他們投給川普是出於對希拉蕊的惡意。

事實上，在明知川普會惹出麻煩但還是把票投給他的選民當中，也有些人的動機不是對希拉蕊的惡意。我們可以從選民的現身說法中看出這一點。一如某位投給川普的民眾所言：

> 我內心的黑暗面想看看川普當選會是怎樣一幅光景……某種改變是必然的，甚至可能是納粹式的改變。大家內心都是吃瓜群眾。大家都想看看那種很誇張的事情發生，就像電視實境秀那樣。四海一家或世界大同，是不會有收視率的。你就是想看到血流成河。[7]

同樣地，一名支持伯尼·桑德斯（Bernie Sanders）的極左選民表示，「老實說，我想投給川普——不是因為我認同他的任何說法，而是因為我寧可看到眼前的一切付之一炬，然後再來個重開機」。[8]

我們不見得能理解上述選民的意見（稍微有一丁點歷史常識的人都不應該有一絲絲支持納粹式改變的想法），但像這樣的看法我們絕不會陌生。就像布魯斯·韋恩的管家阿福在二〇〇八年的蝙蝠俠電影《黑暗騎士》裡，曾經有過這樣一句知名的臺詞：「有人就是想看著世界陷入火海。」

想看世界陷入火海的欲望，乍看之下很像是惡意。確實，短線上這麼做可以說損人又不利己，但長線而言，這說不定會符合某些人的利益。近期針對人性對混亂的需求而進行的一項研究，指向的就是這樣的結論。這份由丹麥心理學者麥可・班・彼得森（Michael Bang Petersen）所主持的研究始於去觀察人在網路上散播政治謠言的動機。[9] 彼得森的結論是人這麼做，不光是因為此舉有利於自身的政黨，或可以傷害「假想敵」。他認為人這麼做是因為人不爽於社會現狀與自身的處境。

為了測試這個假設，彼得森偕同事擬出了一份「唯恐天下不亂」的問卷，當中包含這樣的敘述：「我會因為天災襲擊別國而湧上一股興奮感」、「我會幻想天災誅殺大部分的全球人口，以便少部分的人類可以重新來過」，還有「我覺得社會應該一把火燒乾淨」。他們接著讓美國人、丹麥人、非西方人都做了問卷來觀察他們對上述說法的回應。

首先我們該注意的是，有多少人為這些極端言論背書。百分之十的人同意一把火燒了這社會也好。兩成的人同意社會制度面的問題無解，所以我們應該砍掉重練。在問卷中顯得愈唯恐天下不亂的人，就愈可能上網散播謠言並存有在社會運動上訴諸暴力的心態。

當然啦，在問卷上同意這極端言論是一回事，真正在現實中這麼做又是另外一回事。這份研究並非從真正幹過這些事情的人出發，去回推他們的動機是唯恐天下不亂。[10]但話說回來，這些巴不得看到世界末日的傢伙確實是萬一抽到哲學家尼克·伯斯特隆姆（Nick Bostrom）所謂的「黑球」[11]，最可能讓整顆地球陷入危機的一群。

所以說現狀是怎麼回事？彼得森認為希望看到混亂的心態，代表我們渴望如白紙般重來。會這麼想的人，也往往是那些可以從現狀崩潰中受益的人，是那些追求地位而不可得之人。彼得森的團隊認為引發混亂，是遭邊緣化之野心家想放的大絕，而他們也提出了與這種看法一致的證據。想看社會陷入混亂的這種人有幾個特色：年輕、教育程度低、男性。另外就是孤獨感較高，還有社經階層較低下的個人，也會較易成為這一種人。

彼得森的研究顯示社會的邊緣化，最容易讓有能力於反社會處境中活下來的人產生反社會的心態，而這些「能力」包括孱弱的同理心與（男性）較強的體力。再者，彼得森認為貧富差距的擴大與民眾對民主制度跟生活品質的不滿，都跟造成唯恐天下不亂心態背後的過程有關。這些過程一面讓人想往上爬，一面讓往上爬的人感覺心力交瘁。為了拆除這顆炸彈，我們必須確保每個人都有尊嚴，都多多少少與社會有相同的利害，也都想為了某種有利於社會的神聖價值去奮鬥，其中最後一點也是我們下一章的重點。

關於選民為何含淚投票給川普另一個或許較無根據的論點，源自哈佛商學院拉法爾・迪・泰拉（Rafael Di Tella）與胡立歐・羅騰伯格（Julio Rotemberg）所共同提出的「菁英背叛」（elite betrayal）理論。[12]這兩位學者的想法始於一項觀察，那就是有得選擇的話，人會寧可被命運玩弄，也不會想被人占便宜。[13]由此如果你在意政府貪腐，你就會寧可投給能力平庸而非精明幹練的政治人物，因為無能者可能會搞砸施政而讓你生活變差，但起碼他們沒有本事故意揩你油。

學者在二〇一六年美國總統大選的前一週，進行了以這種觀點切入的調查。他們測試了對能力之重要性的強調是否會影響選民的投票行為，結果發現某種效應發生在一個似乎受到民粹思想影響的族群：教育程度偏低的非鄉村白人選民。這群人有百分之六十三認為希拉蕊比川普能幹。一般人會以為若接受到能力對政治人物很重要的訊息後，這群人會傾向於支持希拉蕊。但實情是，這群人投給川普的機率，反而因此比投給希拉蕊的機率高出了百分之七。在認定這代表這群選民擔心希拉蕊會背叛他們之前，我們必須了解研究作者所提出的數據顯示這可能是一種偶然的發現，[14]這種理論還需要有說服力的證據去確立。

若某些人真的投給川普是為了懲罰希拉蕊，那人們想懲罰希拉蕊什麼呢？希拉蕊最不想做的一件事，就是讓屬於她基本盤的自由派質疑她的公平正義。這是因為在做出道德判斷時，自由派比保守派更強調公平性。我們會知道這點，要感謝強納生．海德特的研究工作。海德特的《道德基礎理論》（*Moral Foundations Theory*）認為人的道德關注圍繞著六組面向：關懷／傷害、公平／作弊、忠誠／背叛、權威／顛覆、純淨／玷汙，還有自由／壓迫。他的研究發現不同政治傾向的人會看重不同的道德面向。這裡與我們的討論最相關的，是自由派比保守派更在意公平／作弊。[15]考量到這一點，希拉蕊的競選活動針對許多跟公平相關的議題：女權、政治獻金的改革、貧富差距的縮小。

由於自由派更在意公平，因此希拉蕊必須在民主黨員面前以公平的方式贏得黨代表的資格。任何違反這一點的行為都會觸犯眾怒。不幸的是，她沒有能滿足這樣的觀感需求。她與黨內對手桑德斯的競爭導致某些人認為她勝之不武。許多桑德斯的支持者認為民主黨的黨中央立場並不中立。事實上，桑德斯迷認為黨中央是希拉蕊派，而且一堆理由讓他們不得不這麼想。

首先，桑德斯有大量的年輕支持者沒有任何政黨的黨員身分。在許多州，未正式參加政黨代表他們無法參加黨內初選投票。第二，民主黨內有所謂超級代表的問題。超級代表是具有公職人員身分的黨員，而他們在選擇誰代表黨參加大選的時候，有與一般黨員不成比例的投票權重。一般黨員投出來的結論，一不小心就會被這超級代表覆蓋掉。桑德斯的一名競選幕僚回憶在民主黨代表大會上：

> 我永遠忘不了二〇一六年，在關鍵的密西根州初選計票過程中，桑德斯的宣誓黨代表得票數——相當於從基層民主黨人手中獲得的選票——比希拉蕊多四票。但等超級黨代表也投完票後，希拉蕊以七十六票反超桑德斯的六十七票。[16]

同樣地，桑德斯在新罕布夏州得到六成的普選票數，但也因為超級代表制，黨代表大會上的得票比變成兩人平分秋色。[17]桑德森本人也跳出來抱怨「制度黑箱」阻礙了他的提名之路。不論他的指控是真是假，這麼說的效果都將正中川普的「敘事弧」（narrative arc）下懷，這點我們稍後會講到。

爆料網站維基解密（WikiLeaks）透過將俄羅斯情報單位提供的電郵攤在陽光下，掀起了更多的公平性爭議，[18]因為電郵中顯示資深的民主黨全國大會成員，很積極地在扯桑德斯的後腿，被曝光的手段包括攻擊他的宗教信仰。[19]民主黨全國大會為此道歉，但民主黨這頭驢子已經開始分裂。

在希拉蕊沒有公平競爭的對外觀感上，桑德斯也推了一大把。他固然沒有去猛打民主黨全國大會的電郵外洩，也沒有攻擊希拉蕊使用私人的電郵伺服器，但他可沒少把希拉蕊塑造成一個與華爾街菁英眉來眼去的體制工具。這訴諸的是世代矛盾。對許多年長的女性而言，希拉蕊是女性主義的先驅。但對部分年輕女性而言，希拉蕊儼然代表的是屬於統治階級的支配者。[20]對年輕的她們來說，希拉蕊是體制的象徵，是穿著套裝，從內部保護自身階級利益的白人。桑德斯窮追猛打的是這一點。而這在某種程度上，也或許為民主黨的總統選舉敲下了喪鐘。

不論客觀上，二〇一六年的民主黨初選有沒有黑箱[21]，主觀上就是有百分之二十七的民主黨選民這麼想。認為她贏得公平公開公正的人只有占一半。[22]自由派選民一旦對希拉蕊的信譽產生懷疑，那就是災難一場。

希拉蕊贏得民主黨提名後，桑德斯反過來必須化解初選時的齟齬，把民主黨團結起來。他深知惡意投票行為十分有可能。「用投票宣洩不滿，」他在選前警告民主黨支持者說，「此非其時也。」[23]桑德斯確實有嘗試要扭轉不公平的爭議，包括那些他自己也有份的指控。「她贏得光明磊落，是嗎？」CNN資深主播沃夫・布里策（Wolf Blitzer）在節目上問她。[24]「是的。」桑德斯說。但當布里策追問：「所以一切都過去了嗎？」桑德斯的回答也還是有些曖昧，「嗯，過去了的——不。過去了的是你不會再走進民主黨大會。但你知道，過去了的是她就是比我的黨代表票數多。我不會爭辯這一點。」桑德斯粉會對此等發言做何解釋，沒有人能確定。

想要讓桑德斯的支持者回籠最直接的辦法，就是訴諸他們對民主黨的忠誠。當然，許多人原本就不是民主黨的支持者，但即使只算那些民主黨內的桑粉，一黨之私的忠誠與否都不若自由派基於公平的道德基礎來得重如泰山。亦即，想用忠誠與否去對更在意公平與否的黨內桑粉進行情緒勒索，難度相當高。

譬如二〇一七年的一份研究讓自由派接觸兩組負向的訊息，然後觀察哪一組更會讓他們不想支持希拉蕊。[25]他們讓其中一組訊息基於公平價值，當中會出現這樣的陳述：「希拉蕊願意犧牲公平與平等來達成她要的目標」，然後旁邊有一幅圖是希拉蕊站在華爾街的招牌旁邊。另外一組訊息則是基於忠誠與背叛，其文字範例會像是：「她在班加西[26]辜負了我們的大使與士兵」，旁邊有幅圖是希拉蕊身邊有一個打開的信封，裡面有電郵的標誌。學者發現比起不忠誠的論述，自由派對不公平的指控更加倒彈，更會因此不想投給希拉蕊。

當希拉蕊贏得民主黨初選後，接著的任務就是要讓黨內不喜歡她的人也支持她。某些人的做法是尊重選民的自主意願，希望用道德喊話讓他們回心轉意。「我對那些仍不想投給希拉蕊．柯林頓的朋友有一個請求：請你們以大局為重三思。」曾任勞動部長的勞伯．列奇（Robert Reich）寫道。[27]

也有人採取比較強硬的態度。一個個人站出來表示民主黨人不光是應該投給希拉蕊，而且必須投給她，因為他們沒有其他選擇。這些鷹派有時候把話說得直白。「你必須投給希拉蕊。」歌手凱蒂．派芮說。[28]有時候則說得比較隱晦。「地獄已經留好了地方，」在比爾．柯林頓政府幹過美國國務卿的梅德琳．歐布萊特表示，「給那些為難女性候選人的女性。」[29]桑德斯的支持者一聽到這種發言，就都知道該怎麼投票了。這種情緒化的言論，一舉觸發了

《英雄本色》效應。雖然部分選民，包括桑德斯的支持者，都同意他們必須投給希拉蕊[30]，但其他人很可能會被推向投「賭藍」票的惡意行為。

事實上在眾多桑粉之間，關於提名初選公平性的不平之鳴，在同年稍晚的總統大選階段中，依舊延燒得沸沸揚揚。這股怒火有觸發惡意以懲罰形式現身的可能，並會讓出手進行懲罰的人付出高低不等的代價。某些人因此決定不出門投票，藉此來懲罰希拉蕊。勉強出了門去投票的桑粉還是主要投給了希拉蕊，但內心在淌血。只是，把「賭藍」票投給川普的桑粉也不在少數就是了。精確地說，在二〇一六年的民主黨初選中投給桑德斯的選民，有百分之十二在最後的總統大選中投給了川普。[31]如果這百分之十二的民主黨選民在密西根、威斯康辛與賓州都投給希拉蕊，甚至只要待在家不投給川普，那她早已經拿下這三州，成功入主白宮了。[32]

這百分之十二民主黨初選選民的倒戈，並不是什麼多罕見的事情。[33]共和黨的初選選民也有百分之十二最後投給希拉蕊。但是我們有理由認為轉投川普的桑粉比起普通的轉換投票者，動機要更加基於惡意。很顯然，某些人支持川普是因為他們認同他的某些觀點。[34]但在議題與政策面上，這兩名候選人的重疊處少得出奇。在初選時被撩撥起的怒氣，很可能導致了一部分人投給川普來給希拉蕊難看。

總統大選前兩日，《美麗佳人》雜誌刊出一篇文章的標題是〈如何心平氣和地跟你的朋友／阿姨／姊夫溝通，說因為賭藍希拉蕊而投給川普是一個真的真的很糟糕的主意〉。選舉期間的線上評論反映了可名為惡意的情緒。「我不僅僅不會投給萬一成為民主黨代表的希拉蕊，」一名網友用雙重否定說，「我還會出於不爽而投給川普，好打臉那些搞不清楚誰才是整場選舉中唯一真正自由派的蕊粉。」[35]

這類誕生於民主黨初選而久久不散的不平之感，或許沒有強到可以藉一己之力左右整場選舉的走向，但川普陣營與大眾媒體的推波助瀾肯定放大了這樣的輿論。

✱

川普陣營主打的一個訊息是希拉蕊確實在初選公平上有失，而選民應該要為此給她點教訓。他滿口的「歪哥希拉蕊」，就是這種攻勢的完美呈現。在川普嘴裡，希拉蕊是「史上最腐敗的總統候選人」。[36]川普陣營打的如意算盤是在這種攻勢的基礎上，塑造一個更大的論述，那就是平民百姓面對一個不公平的政治體系，而撰寫規則的菁英之所以打造這個體系，就是要「確保自身可以永遠有錢有勢」。[37]川普這名億萬富翁帶著棒球帽，就把希拉蕊打成了這種菁英。川普宣稱希拉蕊之所以行事不公，是為了保護華爾街的利益不受一般民眾的分食。他宣稱她是華爾街的魁儡，而自己因為早已家財萬貫，所以不會被華爾街收買。他的這種論述也舒緩了民眾對他各種暴走言行的解讀。他之所以能口無遮攔但毫髮無傷，或許就是因為很多人認為這證明了他願意跟菁英對著幹。[38]

川普也把桑德斯不公平的指控挪來為自身所用。「我要向所有被超級代表這種作弊設計搞死而無能為力的桑德斯支持者喊話，」川普登高一呼，「我們敞開雙臂歡迎你們。」[39]川普對於希拉蕊是華爾街中爪牙的指控，呼應了桑德斯說她不會面對華爾街、大藥廠、保險公司與化石燃料產業有任何作為。桑德斯點的火，川普去添了油。

川普舉出一項項罪狀去指控希拉蕊的不正當行為，包括他宣稱她透過柯林頓基金會收受了政治獻金，並讓金主可以藉此跟她所控制的國務院搭上線。這些指控的根源，是由俄羅斯提供的維基解祕爆料。[40]川普主張希拉蕊使用私人郵件伺服器的行為，換成其他人早就被逮捕了，所以這是一種不公不義。當聯邦調查局建議希拉蕊無須因為私人郵件伺服器的使用而遭到起訴時，川普馬上在推特上發文高呼「非常非常不公平！」[41]一遍又一遍，川普加深了美國社會認定希拉蕊沒有公平觀念的印象。

在為了誘發對希拉蕊的惡意而採取的行為中，最荒謬的或許是指控她沒達到擔任美國總統的門檻。川普陣營到處散播她能位居要職，都是搭了她先生比爾．柯林頓的便車，還說她之所以能成為總統候選人，只是因為女性這個政治正確的身分。在二〇一六年四月，他對著全世界說出「歪哥希拉蕊」的同一次受訪中，川普宣稱「她唯一能打的就是女人牌」，意思是希拉蕊參選是女性保障名額的概念，否則她沒資格選總統。[42]

這話真是滑天下之大稽。如歐巴馬總統所說，「我可以拍胸脯保證，歷來從沒有人，不論是男人或女人——包括我、比爾，或任何人——能比希拉蕊．柯林頓更適合擔任美國總統。」[43]我們之前已經看過被認為不配的人獲得了某種好處，會如何引發惡意的反應。希拉蕊被認為沒資格選總統的論述，就有成為強大惡意火種的條件。

✱

如果說希拉蕊說什麼也不想讓自由派覺得她做事不公平，那她無論如何也不想讓川普支持者誤會的就是她覺得自己高他們一等。人只要一覺得你擁有的比他們多，不論你擁有的是金錢、道德高度還是社會地位，反支配的惡意都會油然而生。

想要抹黑希拉蕊認為她高出販夫走卒一等，川普的支持者有取之不盡，用之不竭的材料。事實上，在二〇一六年的「歪哥希拉蕊」攻勢出籠前，希拉蕊被打最兇的，是她「遮都不遮，人品與道德上的優越感」。[44]

要舉個例子的話，就是希拉蕊廣為人知的「餅乾失言」。一九九二年，她據稱說了這樣一句話，「我不是不行宅在家裡烤餅乾配茶，但我選擇出來履行我的天職。」圍繞著這句話的報導，讓其他女性覺得這個希拉蕊也太看得起自己了吧。如某位選民所言，「我原本是要支持她的，但現在不了……她說那什麼話……她顯然不懂對別人的選擇抱持一份尊重」。[45]這句話會在她身邊陰魂不散，直到二〇一六年的選戰也絲毫未露疲態。雖然碧昂絲選用了這句話的一部分去鼓勵女性選民支持希拉蕊，[46]但我們更常看到的是這句話被拿去醜化希拉蕊，讓人覺得她似乎因為出來工作，而覺得自己比家庭主婦優秀。事實上，希拉蕊在那段話的後面還有補充。她的完整發言應該是說，她希望身為一名政治工作者，能夠透過自身的職業賦予女性選擇的權利，讓女性同胞可以想就業的就業，想持家的持家。但媒體對這種高調沒興趣，媒體要的是爆點與收視率，為此他們不惜斷章取義。

另外一個同樣來自一九九二年的例子，是當希拉蕊被問到先生的不忠時，她說的是她「並沒有坐在這裡，任由某個小女人站在她男人的身邊，就像泰咪・懷尼特（的歌裡寫得那樣）。」沒錯，希拉蕊的意思是指鄉村歌手泰咪・懷尼特的歌，而不是泰咪本人。但泰咪還是對號入座地在媒體回應希拉蕊，「我或許書讀得沒有妳多，但我跟妳保證，我絕對不會比妳笨」。[47]希拉蕊在聽到這話後的白眼與拍（額）頭，可以說是提油救火。

覺得一九九二年太久以前了，那川普陣營也不乏較近的事情可以用來借題發揮，把希拉蕊塑造成一個自命清高而與不食人間煙火的政壇貴婦。被曝光的高盛對話顯示她會跟那些銀行家說：「你們真的好聰明啊。」[48]但比起這個，遠遠更加惡劣的一例是，希拉蕊關於「一籃子可憐蟲」的評語。在二〇一六年九月一場選戰募款活動上的演講中，希拉蕊表示，「你可以把川普一半的支持者都放進我所謂可憐蟲的籃子裡……他們是一群種族歧視者、性別歧視者、恐同、仇外、恐伊斯蘭，族繁不及備載的傢伙」。

話說，我們要老實承認兩件事情。首先，我們可以爭辯那個籃子的大小，但我們不能主張的是籃子不存在。在其二〇一七年出版的總統大選回憶錄《何以致敗》（*What Happened*）書中，希拉蕊提出了數據來為其「一籃子」言論辯護，包括二〇一六年的一份調查結果顯示共和黨選民的種族歧視觀點較民主黨選民普遍。[49]後續的研究也支持各種歧視與部分川普選民有著千絲萬縷的牽連，對此我會在第七章有所說明。第二，我們都知道在選戰過程中，有些實話說不得，只能往肚裡吞。「一籃子」的言論對希拉蕊選情造成了多大的衝擊，很難加以量化。海德特認為那段發言「說不定改變了人類歷史的走向」。[50]最起碼，我們可以說那段話誘發了惡意的反撲。

另外一股被媒體與川普陣營召喚來對付希拉蕊的力量，是以「貶損為善者」型態現身的惡意。即便在她還是第一夫人的期間，媒體就曾戲謔地稱呼她「聖希拉蕊」。[51]在二〇一六年，她以身分政治跟權利作為主軸的選戰也隱約會讓人誤會她自以為了不起，而這又可能會進一步誘發惡意反應。

這就讓我們不得不問一下：人要怎麼做，才能以善之名打一場乾淨的選舉，但又可以把「為善者貶損」的衝擊降到最低。這個問題的答案，有可能是空集合，也就是你無論如何都做不到。說不定為了把你想傳達的訊息傳出去，你只能選擇像個烈士犧牲自己。只有任由自己萬箭穿心，那些攻訐你的暴民才會稍微覺得寬心，進而留你想傳達的訊息一條小命。[52]

我們對所傳之話網開一面，卻對傳話之人殺無赦，是個源自於素食研究的有趣觀念跟矛盾。一群受試者被要求去思考自己在素食者的眼中是什麼模樣，而這會讓他們暴露在被進行道德判斷的風險之中。接下來他們得到的指示是去評估他們認為素食者善不善良、骯不骯髒、愚不愚蠢。另外一組人則被要求做同樣兩件事，但是順序對調，先對素食者評頭論足一番，然後再反思自己在素食者眼中的形象為何。在研究的最後，兩組人都被問到他們對於吃肉這件事的看法。

一如預期，在先擔任被批判者，再去對素食者進行批判的人當中，他們對素食者的討厭程度更強一點。但讓人想不到的是，他們最後對吃肉這件事的支持程度，也低於另外一組。這顯示讓人去攻擊為善者，反而可以提高他們接受為善者訴求的程度。不論這種攻擊是透過開槍，把人釘上十字架，還是單純不把票投給人家，都能產生讓人受到「感化」的效果。只不過不是每個傳話之人都能因此瞑目。

到了二〇一六年選戰的尾聲，廣大的各種當事人如川普、桑德斯、維基解密與俄羅斯總統普丁已聯手將希拉蕊．柯林頓安上了行事不公的罪名。川普陣營還成功將希拉蕊的人設，變成一個自認在道德標準與社會地位上都甩普通選民幾條街，高高在上的傢伙。更別說民主黨還大肆宣傳要支持者含淚投給希拉蕊。至此，民主黨選民以惡意反噬希拉蕊已成既定之勢。

這些列陣要對希拉蕊不利的力量，並非美國的特產。放眼全世界，民粹主義都會定調自己代表庶民在對抗菁英的利益。[53]多數選民支持民粹候選人的動機都是自利。他們相信民粹政治人物當選會改善他們的生活。但如我們多年來所見，有一小群影響力可大可小的選民投給民粹政客，只是因為他們看菁英不爽。這些人要麼把「打擊菁英」看得比自身的（財務）利益更重，要麼覺得「拿回主控權」比眼前的經濟利益更重要。克拉凱特認為「我們在全球範圍內目睹的民粹主義興起，是一種舉世、大型、拉高到社會層級的最後通牒賽局」。[54]她同時指出英國脫歐也是一例。

在二〇一六年的公民投票中，百分之五十二的英國公民選擇脫歐。歐洲政壇不少人視這是英國與歐洲雙輸的結果，[55]而這凸顯出一種可能性，那就是至少一部分英國人投下脫歐票，只是惡意在作祟。在選前的拉票運作階段，留歐派的政治人物似乎已經察覺到這種惡意在抬頭。不論是保守黨的首相大衛．卡麥隆（David Cameron），還是蘇格蘭國家黨黨魁妮可拉．司徒貞（Nicola Sturgeon），都表達了類似的疑慮，他們都擔心選民會利用脫歐公投表達對兩人的抗議。司徒貞挑明了敦促選民，「不要把公投變成損人不利己的報復工具。不要因為內心對誰埋怨就賭上自己的未來。」卡麥隆的疑慮有可能源自他自身的「可憐」瞬間。他曾脫口把一群脫歐支持者說成是「水果蛋糕（神經病）」、「瘋子」、「沒出櫃的種族主義者」。[56]這些情緒性的字眼都已經是十年前的事了，但選民記憶猶新。

某些選民的不滿情緒，並非只針對國內的政治人物。英國媒體常年有一套辦法挑撥民眾與歐洲政治人物的矛盾。「去你的，德洛爾」是一九九〇年登在過某英國小報上的知名標題，其中德洛爾是出身法國的三屆歐洲委員會主席。這種出言不遜以及內文中的口無遮攔，表達的是英國民眾對德洛爾的不滿，主要是德洛爾提出的歐盟政策據稱會威脅到英國經濟。

透過投票去教訓被認定為菁英的英國與歐洲政治人物，無疑是當時的一大風向。留歐派為了不讓選情被這種風向一波帶走，選擇了訴諸選民的切身利益，他們猛打脫歐會造成重大的經濟損失。大衛．卡麥隆宣稱脫歐會「為我們的經濟發展埋下未爆彈」。[57]財務大臣喬治．歐斯朋（George Osborne）反覆表示脫歐會導致失業與加稅。英格蘭銀行（英國央行）行長馬克．卡尼（Mark Carney）警告脫歐會造成英國陷入「技術性的衰退」。「更強大、更安全、更好過」是官方的留歐宣傳口號。凡此種種都在對選民強調，用脫歐來給菁英好看，會讓民眾自身付出高昂的代價。但結果如我們所見，英國人不是被嚇大的。

脫歐的選戰打法是使盡渾身解數去觸發民眾對留歐派的各種宿怨。首先，他們強調歐盟對英國種種不公平的做法。歐盟不准英國自定法律，然後讓「非民選的（歐盟）官僚」在布魯塞爾擅自決定英國的命運。歐盟不讓英國控制自身的邊界，導致英國國內湧入大量移民，這當中有人性侵英國婦女，有人搶走他們的工作，有人濫用英國的健保資源。[58]如我們所見，人一旦感覺到公平性的標準被破壞了，反支配的惡意就會推他們去讓犯事者付出代價，即便那會讓他們自身吃虧也在所不惜。很自然的，脫歐陣營也強調了民眾的切身利益來設法拉票。他們的口號是「拿回主控權」。英國獨立黨高聲疾呼：「我們要拿回自己的國家。」這強調的是即便脫歐要付出經濟成本，但自由的紅利可以抵銷這一點。確實，透過讓人覺得自身的自由與獨立自主受到威脅，脫歐陣營成功啟動了《英雄本色》效應。

脫歐陣營不僅成功將歐盟塑造成不公不義的代表，點燃了民眾心中的反支配惡意，他們還給歐盟安上了一個褻瀆神聖價值的罪名——英國的獨立與光榮就是這樣一種無法妥協的價值。這是一代名相邱吉爾的英國，是邱吉爾在對納粹宣戰的演說中所言，在海灘上與登陸點上拒敵過的英國，是在平野與巷弄中與敵人奮戰過的英國，更是一個永不投降的英國。發動「神聖的價值」將如我們會在第七章討論到的，意味著脫歐的選擇已經脫離了現實的成本效益分析，而進入了身為英國子民人人有責的領域，代價什麼的都可以去死一死了。大家都知道，英國母親會期待每個子民都盡到自己的責任。

脫歐派還把留歐派抹成自以為放屁比一般人香的討厭鬼，而這也協助觸發了選民中的反支配惡意。在選戰過程中，脫歐派大將奈吉爾・法拉吉（Nigel Farage）反覆強調那群西敏寺菁英對市井庶民嗤之以鼻。許多留歐派支持者的作為更是強化了這種觀感。工黨主席在宣傳留歐時表示，「我們是務實的一邊，想脫歐的那些人是極端主義者」，還補充說脫歐派展現出「一種不理性的心態」。[59]留歐派給人的感覺是誰考慮脫歐，誰就是白癡。[60]這完全是歐洲版的「一籃子可憐蟲」慘案。

確實在選戰結束後，法拉吉表示留歐派「給人的印象是他們覺得誰想脫歐，誰就不知道自己在投什麼，誰就愚鈍，誰就是笨蛋，誰就是什麼都不懂，誰就是種族歧視者。那種感覺就像是留歐派覺得他們在道德上優於脫歐派……他們是真心覺得自己高人一等」。[61]由此只要投脫歐一票，就可以把這些眼睛長在頭頂上的人拉下來一兩格。投脫歐一票，就像對那些說留歐才對的專家比中指。還記得在公投宣傳期間，麥可·戈夫有句話說得一針見血，他說「這個國家的人已經受夠了專家」。[62]這話完美傳達了我們這個時代的反支配惡意。

當踏進沒人打擾的圈選處後，脫歐派選民已經準備好了要展現惡意。部分選民會覺得陷入兩難：留歐能得到經濟上的好處，但也會背叛神聖的英國價值，然後看著那些留歐派菁英小人得志，踩在英國自治的屍體上歡欣鼓舞。一旦觀感被塑造成這樣，有人會懷著惡意拒絕留歐，也就不奇怪了。

但也有可能根本沒有人投下脫歐票，是想看經濟因脫歐變壞，也就是說，根本沒有人懷著惡意投票。關於這種不同意見我有點兩回應。一點是根據資料，另一點是根據心理學。根據資料，公投之前的民意調查顯示有一小群人打算投下脫歐票，而這群人認為英國經濟會在脫歐後變差。[63]百分之四打算投下脫歐票的人是這種想法。如果他們投下留歐票，英國今天就還是歐盟的一員。心理學的論點則認為不只這百分之四的人可能原本認為脫歐會讓英國經濟付出沉重代價。我們會改變想法去配合我們的行為。在決定要脫歐後，部分選民或許改變了對於經濟衝擊的想法，以便合理化他們的新行為。

這百分之四的人，固然是少數中的少數，卻也是對公投結果而言至為關鍵的少數。他們也讓我們看到惡意很重要的另外一面。很有可能，這一小撮選民重視「拿回主控權」甚於自身會蒙受的經濟損失。當歐洲政治人物形容脫歐是雙輸局面時，他們指涉的是經濟上的後果。他們低估了自由在選民心中的價值與選民願意為此付出的代價。他們還低估了的是反支配情緒內含的歡愉，包括出口惡氣跟幸災樂禍的爽感。所以是在這百分之四的人心中，脫歐的非經濟利益壓過了其經濟代價囉？所以說不是因為惡意，而是利大於弊的自私結論讓這百分之四的人投下脫歐票囉？這會是個我們有辦法回答的問題嗎？

我們可以主張在明知會有經濟損失的狀況下投下脫歐票，起碼是一種冒險的行為，由此那至少也是一種「弱惡意」的選擇。我們也可以主張選民期待在脫離歐盟枷鎖後獲得的自由利益，真的可以抵銷所有經濟損失，由此他們選擇脫歐是一種自利而非惡意的選擇。相對之下，我們可以認為如果經濟損失唯一的補償是幸災樂禍等情緒，那麼脫歐就是仍得付出高代價的惡意行為。我根據前面幾段討論所形成的看法，是至少某些脫歐票可以被形容為惡意。但話說到底，我們還是得回歸本書前言的那個問題：誰決定一項行為是否內含高代價，因此是惡意型的行為？脫歐選民的選擇，難保不會被看不慣這種投票行為的人貼上惡意的標籤，好方便對其進行攻訐。惡意一詞，或許並不是在客觀描述一項事實，而是有人可以拿來攻擊意見不同者的利器。政治是無所不在的，一項行為是否屬於惡意的討論也無法倖免。

✸

一個值得我們深思的問題是：今日的惡意選民，是否有可能比歷史上任何一個時期都更加普及？想研究這個問題有一個辦法，就是使用俄裔美籍科學家彼得．圖爾欽（Peter Turchin）提出的「結構－人口理論」（structural-demographic theory）。[64]這種理論認為社會會以約兩百年的週期崛起與崩毀。圖爾欽針對從法國到中國再到美國的各式各樣社會，說明了這種模式的運作。他主張在一九七〇年代末期，美國進入了一個衰退期，他稱之為「異見的年代」（age of discord）。圖爾欽認為這種衰退起源於三個原因。

首先，當時有所謂人口團塊造成的影響。肇因於移民、女性進入職場與製造業被外包到外國等，美國的勞動力出現供過於求的現象，勞工的薪資待遇與生活水準因此下降。今日美國男性勞工的實質薪資水準，要低於四十年前。這一點會導致社會上強烈的不滿情緒，但這種不滿只是社會災難的必要條件而非充分條件。災難還需要其他因素的作用，比方說圖爾欽提出的「菁英過度生產」（elite over-production）。

菁英過度生產發生於雇主與當權者開始因為社會上的低薪環境而大發其財之際。這會導致社會上有愈來愈多人想要力爭上游成為菁英。但菁英的位置就那麼多：總統、國會議員、最高法院法官。由此，菁英圈就便開始出現山頭與派系。

反菁英的新菁英可能應運而生。他們的掌權之路是通過動員群眾來對抗統治菁英。這相當於要奪權。川普的勝選不光是因為鐵鏽帶的白人男性所累積的不滿。基層不論如何想要揭竿而起，都不可能打敗一個團結的統治階層。二〇一六年，川普罷黜了民主黨的菁英，靠的是動員群眾。但別誤會，讓選舉翻盤的不是那些「可憐蟲」，而是一群「想要翻身成為菁英而不可得之人」。這種狀況，圖爾欽認為，可能最終導致政治暴力、內戰或是革命。面對此一深層問題想釜底抽薪，最好的辦法就是讓勞動力的供過於求獲得修正。民眾需要工作。競爭可以創造突破，可以提升效率，但過度競爭造成的惡意與反叛弊端，我們也不得不防。

✷

在繼續往下講之前，且讓我們沿已知的分支再往前延伸一點，思考一下在我們之前的討論中，哪些東西有可以產生政治影響力的潛力。稍早我討論過血清素的增加會導致人較不願意自費去懲罰不公平的行為。考量到可以調整血清素的藥物已經在現代社會上無所不在，我們有理由去反思這些藥物內含的政治影響力。

先從最常見的藥物說起：一群被歸類為「選擇性血清素回收抑制劑」（SSRI）的抗憂鬱藥，包括百憂解（氟西汀）、樂復得（舍曲林），還有舒憂（西酞普蘭）。顧名思義，這類藥物都能增加人體的血清素濃度。它們對嚴重憂鬱症患者的效果非常顯著。但平均而言，如果是用在輕度或中度的憂鬱症患者身上，那這些藥物的效果幾乎與安慰劑無異。[65]有些這些藥物的使用者因此臨床效果不彰，但不好的副作用卻是一樣都沒少。[66]這些副作用可以包括性功能障礙、情緒麻木與自殺傾向。但會不會有另外一種副作用，是比較不想自費去抗議不公平？

如果是的話，那這些效果應該會普遍到可以造成顯著的社會影響。因為從二〇一一到二〇一四年間，美國有大約百分之十三的十二歲以上人口，曾在受訪的前一個月內使用過抗憂鬱藥。[67]在總人口有五千六百萬人的英國，二〇一八年有七千一百萬張抗憂鬱藥的處方被開出。[68]抗憂鬱藥是否靠著提高人體血清素濃度，降低了人想使用惡意的意願，讓他們對不公平睜隻眼閉隻眼呢？這些藥物讓我們付出的代價，是否不光是那些表面上的副作用呢？

一種女性常用且會影響她們血清素濃度的藥物，是避孕藥。在二〇一五與二〇一七年間，美國有百分之八的女性在吃口服避孕藥，另外有百分之七的女性在使用長效性可逆的避孕工具，包括植入性與子宮內避孕器。[69]這些避孕手段會把血清素的濃度往哪個方向推，是個比較複雜的問題。複合性藥劑會同時含有雌激素與黃體素，而這兩種激素對血清素的濃度的影響是相反的，前者會讓血清素濃度升高，後者會讓血清素下降。[70]但僅含黃體素的迷你避孕藥丸（mill-pill）與子宮內避孕器（如曼月樂避孕環）則會讓血清素濃度下降。理論上，這會增加女性對不公平的怒氣。避孕器讓我們獲得解放的，或許不只是自由做愛的權利。

雖然我在這一章的結論看似不那麼篤定，但惡意對我們政壇的影響力無庸置疑。現在就讓我們把注意力轉移到另外一個惡意可以讓人有所啟發的生活面向上：所謂「神聖」的一切。

第七章　惡意與所謂神聖之物

聖保羅曾經建議羅馬人：「親愛的弟兄，不要自己伸冤……因為經上記著：『主說伸冤在我，我必報應。』」[1]兩千年後，有人傳達了一種類似的情緒。在電影《黑色追緝令》中，山繆・傑克遜飾演的角色朱爾斯引用了先知以西結的話：「而當我把復仇降臨在你身上時，你便會知道我的名字是上帝。」[2]雖然訊息本身的「解析度」略有差異，但聖保羅與朱爾斯所傳達的是同一個概念，那就是：復仇應由上帝降下。為什麼會出現這種觀念？會不會是人類害怕冤冤相報或覺得自行動手不受社會待見，所以最後便不得不把恨意「外包」給神聖的信仰？上帝或諸神，該不會只是一種廉價的惡意吧？

大部分的人類都信（某種）神。基督教徒和穆斯林就合占了全球百分之五十五的人口。[3]神在世界各地會化身為不同的模樣與概念，但人普遍都認為神作為一種全知全能的存在，會了然於胸誰做過什麼，會明辨對錯，也會讓犯了錯的人受到報應。[4]

在我們歷史中的某個點上，這樣的存在曾顯得非常實用。當人類進入農業社會生活後，族群的人數變多了，懲罰人的代價也一下子拉得很高。比起狩獵採集的生活，農業社會中的個人可以聚集從前想像不到的巨大財富與權力。他們可以對任何懲罰進行強力的報復。之前在小型原始社會中促成合作的各種機制，開始在這些財富與權力的重量下崩解。人類需要新的方式來促成大型群體中的合作。基因演化如遠水救不了近火，於是人類轉向文化求助。他們需要創造出一種權威來施加懲罰。那可以是一種人世間的體制，也可以是不屬於這個世界的某種寄託，譬如神。[5]

心理學者克莉絲汀．勞倫（Kristin Laurin）認為，為了不公平去懲罰別人有可能讓我們付出極大的代價，所以我們發明了神，代替我們扮演懲罰的主體。勞倫認為神「極可能誕生於大型社會中，或是資源匱乏的社會中，因為這兩者都對合作的調節與執行存在高度的需求」。[6]但問題是，你要怎麼讓那些有權有勢者去信仰一個討厭他們，生來是要去懲罰他們的神呢？

如勞倫研究團隊指出，世上主要的宗教都有自己的一套辦法去讓你相信它們。它們可以利用人類心理中的偏誤，像是我們會傾向於從機率造就的事件中「覺察」到智慧。它們會讓人去進行所費不貲的儀典，好讓旁人看了也相信這東西是真的。

各式各樣的證據都顯示，神明的功能確實是提供低成本的懲罰來促進大型社會中的合作。[7]一個社會愈是相信天譴的存在，人口就愈會遵守社會規範。人敬天畏神的程度會超過他們害怕同儕。人愈是相信鬼神，愈是相信天堂與地獄等概念，就愈不敢輕易違反社會良俗。你愈是覺得神真的會出手降罪，你就愈不敢在考試中作弊，或是自行出手進行高代價的懲罰。不過，要看到這些嚇阻的效果，人必須要在行動前被提醒他們的宗教信仰，而在具有宗教信仰的社會裡，這類的提醒俯拾皆是。

除了作為一種低成本的選擇可以去表達反支配的惡意以外，宗教也被認為是一種被用來實現支配型惡意的工具。尼采認為基督教就是一種支配機制。基督教的道德標準讚揚社會的基層。柔弱者有福了，排頭的會被趕到後面。尼采稱之為「奴隸道德觀」。有人在此，或許會想起我們在第二章講過藍干說的「落水狗的暴政」，但尼采認為奴隸道德觀不僅是一種把「大人」拉下馬的辦法，那還是一種翻轉社會階級，讓優劣勢對調的手段。這種道德觀尋求的不是平等，而是新的主人。柔弱者會因變強，因此上位。

並不是所有的信徒都認為上帝只能給出報復。最明顯的例子就是那些付出終極代價去傷害別人者：宗教型的自殺炸彈客。願意付出代價去報復人者固然不在少數，這點我們已經看到過了，但自殺炸彈客所幸相對稀少。那當中牽涉到的成本，不論是對自己或是對別人，都很自然會讓多數人打退堂鼓。[8]但凡事都有例外。

在過去三十年中，全球大約有三千五百例這類攻擊。[9]我們有辦法畫出一條從日常惡意通往自殺炸彈客的路徑圖嗎？可以的話，推著這些人跨過最後一條線的，又是什麼？在正式進行討論前，我要先說，理解某種極端行為並不等同於諒解這類行為。接受自殺炸彈客這麼做有他們的理由是一回事，同意這些理由又是另外一回事。知道他們的想法並不妨礙我們深刻譴責他們的行動。

自殺炸彈客並非房間裡惡意最強的那個人，而是有種成分會跟惡意結合，增加了其行為變得致命的機會。令人意外的是，這項關鍵成分是利他主義。[10]恐怖分子與普通罪犯的差別，在於前者更可能相信他們在從事利他的行為。[11]這一點會讓人產生許多有趣的聯想。如果自殺炸彈攻擊的本質是遭到扭曲的「利社會」行為，那麼我們就想問恐怖組織是怎麼辦到的？有無可能恐怖分子的這種本領，可以被用來提倡沒有被扭曲，貨真價實的利社會行為？我們是不是能把這種原本用來炸翻世界的東西，拿去拯救世界？

在解釋自殺炸彈客的行為之前，我們還得先排除幾樣常見的成見。他們通常沒有精神疾病，也並非原本就一心求死。[12]

他們並非大都來自破碎的家庭，所以容易被洗腦，同時他們的腦筋也不笨。一定要說的話，自殺炸彈客反而教育程度跟出身背景都優於一般人，[13]不過這一點確實也自二〇〇〇年代初期以來有了些改變。[14]總而言之，我們必須用心去尋找這些人的行為動機，而不能懶惰地把一切推給殘破的人格。

如果惡意真的在自殺炸彈攻擊中扮演了某種角色，那我們首先必須要釐清的就是，是哪一種惡意在當中作祟。是我們在第二章打過照面的反支配惡意？還是於第三章粉墨登場的支配型惡意？自殺炸彈攻擊似乎不太可能以支配型惡意做為主要動機。畢竟命都賠進去了，還要說自己能對誰取得相對優勢，未免也太牽強了。不過話說回來，某些阮囊羞澀的自殺炸彈客確實在生前歷經了各種難堪與羞辱，這樣的他們確實可能覺得自殺攻擊是一種平反自身尊嚴，恢復個人與家族榮譽，提升死後社會地位的機會。[15]在許多案例中，他們確實以年輕人為主。如果用一戰詩人威爾弗烈德・歐文（Wilfred Owen）的話說就是，他們「一腔熱血，迫切地想要披上光榮」。

對地位的渴望強烈到我們忘記了人要活著才能享受到地位的好處，這看似是一種演化機制上的故障。但如我們在第四章討論過，「總括適存性」的概念讓我們不需要自己活著，也能讓我們的遺傳基因受益於我們的行為。如果我們的行為可以在幫助到親戚的同時，讓我們的基因獲得淨值為正的利益，那這種行為就會獲得演化機制的青睞與保存。二〇〇八年一份由人類學者艾倫・布萊克威爾（Aaron Blackwell）進行的研究以巴勒斯坦自殺炸彈客為目標，測試了總括適存性的理論。[16]就我所知，這是一份未曾經過同儕審查的研究，因此我們在參考時必須有所保留。但即便如此，其研究方法仍有獨到之處。布萊克威爾報告說，來自中等收入家庭並有眾多兄弟姊妹的男性自殺炸彈客（相對於來自收入較低或較高且人丁較少家庭者）會將執行自殺攻擊所收取的費用拿來挹注「總括適存性」。說得白話一點，家裡會把哈瑪斯組織跟真主黨給的錢拿去支應炸彈客兄弟的「新娘費」（新郎家要付給新娘家的款項），那是巴勒斯坦社會中的習俗。

布萊克威爾表示巴勒斯坦自殺炸彈客的實際組成，確實符合他研究中會用自殺炸彈攻擊去增進總括適存性的類型。這類炸彈客往往家裡並不窮，有大學學歷或工作，並且家中小孩比一般巴勒斯坦家庭多。我是不太相信演化可以微調人類行為到這種程度。我會認為這種行為模式，是數代人的選擇壓力作用在自殺炸彈客身上的結果。但即便如此，布萊克威爾的切入角度仍不失為一種頗具新意的理論檢測方式。

＊

若不考慮總括適存性與對社會地位的追求，自殺炸彈攻擊最可能的動機應是感覺不公平所孳生出的反支配惡意。人一般不會被召募進入恐怖組織，他們主要都是自己加入的。[17]不滿的心情會推著他們成為組織的一員。除非原本就有怨恨的目標，否則再多的惡意傾向也不會讓人去從事恐攻。[18]

這類的怨恨中典型的關鍵字，就是「不公平」。中東的穆斯林自認受到西方強權的不公平對待，是恨意的重要來源。[19]而這種主觀的受虐與恨意，並不限於中東土地遭到的軍事占領。各式各樣形式不同的羞辱也被認為脫不了干係。[20]

為了說明恐怖主義是如何扎根於積怨，我們有必要檢視哈立德．謝赫．穆罕默德（Khalid Sheikh Mohammed；KSM）作為九一一恐怖攻擊幕後的策畫者，原本對那最黑暗一日的想法是什麼。一如九一一調查委員會的報告所述，KSM原本呈給賓拉登的計畫是要脅持十架飛機，[21]其中九架會撞進建築物，而目標除了最終真的被飛機撞上的那些，還有聯邦調查局、中央情報局總部、加州最高建物還有數座核電廠。第十架飛機預計會帶著在機上的KSM降落在美國某個大型機場。KSM打算讓劫機者在飛機降落後殺死所有的男性乘客，然後通知媒體。屆時他會發表演說抨擊美國替以色列、菲律賓，還有在阿拉伯世界中的高壓政權撐腰。如果你之前完全不知道有這麼回事，那你真的該好好想想為什麼會這樣。

怨恨可以源自個人受到虐待，也可以（加上或單獨）跟團體受到的虐待有關。人類學者與自殺式恐攻專家史考特．阿特蘭（Scott Atran）訪問過一名想炸掉巴黎美國大使館的年輕人。阿特蘭問他為什麼想這麼做。年輕人一開始談到了穆斯林在世界各地受到的迫害。阿特蘭加大了力度問道，「你為什麼會有這種念頭？」至此年輕人坦承他曾經與家中的姊妹走在巴黎的街上，結果她不小心撞上了一名年長的法國人。對方朝她吐了口水，還罵她是「骯髒的阿拉伯人」。「當下我就道自己該怎麼做了。」年輕人說。[22]

再舉一個例子。我們來看看被媒體稱為「車臣黑寡婦」的那群女性伊斯蘭自殺炸彈客。[23]他們首先出現於二〇〇〇年，當時有兩名車臣女性駕著滿載爆裂物的卡車衝進某支俄羅斯特種部隊位於車臣的總部。自那以後，大部分車臣叛軍的自殺攻擊就都以車臣女性為主力。黑寡婦們最著名的，就是他們參與了二〇〇二年造成逾百人喪生的莫斯科歌劇院的人質危機事件。十九名女性黑衣炸彈客把爆裂物綁在身上的畫面，傳遍了全世界。[24]

如心理學者安妮・史佩克哈德（Anne Speckhard）與卡普塔・阿克哈梅多娃（Khapta Akhmedova）所言，這些女性的動機源自於她們目睹與歷經的俄羅斯暴行。[25]她們幾乎無一例外地在俄軍發動的轟炸與「掃蕩」作戰中失去過家人。不少人眼睜睜看著俄人凌虐或殘殺她們的親屬，包括她們的兒子、丈夫與弟兄。

有些看法不認為這些女性的行為動機源自真實的怨恨。[26]比方說，有人宣稱這些女性是遭到綁架、強暴與下藥，然後才被逼著去參與恐怖活動。這種指控典型地來自俄籍的記者。[27]但這種切入點是例外而非常態。這些女性的動機確實就是不平則鳴。

雖然我們已經在前面提到過違反公平原則會如何觸發惡意的反應，但要違反到什麼程度，或是違反什麼了不起的東西，才會讓人連命都不要了，那又是另外一個層次的問題。關於這個問題，阿特蘭認為答案是信仰，或是「神聖的價值」。[28]神聖的價值，相當於不能妥協的堅持。神聖價值的例子包括巴勒斯坦難民收復並回歸耶路撒冷的權利，還有他們篤信的伊斯蘭教法。

因為神聖，所以信徒會為了捍衛這些價值而去做超乎理性、風險與成本考量的事情。[29]與其掂量某項行動的利弊得失，無法割捨價值的人會「擇善固執」。[30]歷史上的案例包括斯巴達人的溫泉關血戰、德州脫離墨西哥獨立的阿拉摩之役、日本二戰時的神風特攻隊，然後就是九一一的恐怖攻擊者。[31]神聖價值，是小型運動可以開花結果的一大關鍵。這些價值對於人的惡意行為，擁有無與倫比的推動力。

當暴力是一種選項，而神聖價值又遭到褻瀆時，人就會從理性思考切換到道德情緒的驅動。二〇一一年一項由傑瑞米·金吉斯（Jeremy Ginges）與史考特·阿特蘭主持的研究前往約旦河西岸訪問了以色列墾民，請他們發表對於作為以巴和議的條件，他們的屯墾區被拆除的看法。[32]當以色列墾民被問到願不願意加入糾察隊來共同封阻巷道時，他們的態度會因自估抗議的勝算高低而有所波動。這代表他們的理性還沒有荒廢。但說起願不願意進行暴力抗爭，他們評估的標準就不再是抗議有沒有用的問題了，那會瞬間變成一個大是大非的問題。九一一恐攻時任小布希副總統的迪克・錢尼（Dick Cheney）曾說恐怖分子「毫無道德感」。但阿特蘭認為「你會想去傷害或殺害一大群人……一定是因為你深信自己所為符合某種道德觀」。[33]

藉由觀察大腦，我們可以找到證據去支持神聖價值會造成人行為暴衝的看法。人腦在思考神聖價值與非神聖價值的時候，表現出的狀態是非常不一樣的。二〇一九年一項由納菲斯・哈米德（Nafees Hamid）率隊進行的研究，招募了三十名支持虔誠軍（Lashkar-e-Taiba；與基地組織有關係的軍事團體）的巴基斯坦男性。[34]學者檢視了他們在表示願意為神聖與非神聖價值死戰時的腦部活動，結果發現相對於在思考非神聖價值時，想著要為神聖價值赴死會讓他們背外側前額葉皮質的活動放緩。

我們在第二章介紹過背外側前額葉皮質，當時我們說過它負責的是進行成本效益分析，讓人知道要在最後通牒賽局中對低分成說不。這個部位的活動遲緩，代表受試者在思考要不要為了信仰而訴諸暴力時，放棄了進行成本效益的分析。這代表「殉教」對他們真的是「不用經過大腦」的送分題。相對之下，在評估非神聖價值時，他們的大腦這部分是有在動的，那代表他們會思考為了非信仰而送命究竟值不值得。

同一團隊的後續研究顯示，當這些巴基斯坦男性決定他們不願意為了某項價值而賭上性命時，他們的背外側前額葉皮質會對同屬大腦的腹內側前額葉皮質（ventromedial prefrontal cortex）進行喊話。[35]後者會在「全盤考量」下對一項行動做出評價。[36]在此例中，我們看到受試者的背外側前額葉皮層進行了成本效益分析，然後判定為了非神聖價值去拼命划不來，並把這項結論告知大腦的價值中心。但學者發現當受試者決定了要為價值拼命時，背外側前額葉皮層就不會對腹內側前額葉皮層喊話了。簡單講，神聖價值上面會附帶一個「做就對了」的標籤。

顯而易見的下一個問題是我們要怎麼做，才能讓人去針對為了某種價值而死究竟值不值得，進行成本效益分析。學者檢視了巴基斯坦男性在決定要不要為了某種價值去死之際，被告知同儕對整件事看法後的反應。[37]當被告知同儕對去拼命沒多大興趣時，他們氣炸了。但氣炸歸氣炸，他們願意為神聖或非神聖價值戰死的意願也跟著降低了。同時他們大腦中進行成本效益的背外側前額葉皮層活動也增加了。換句話說，同儕的冷淡讓他們猶豫了。

人的神聖價值並不基於成本效益分析這點的一項重要意義，就在於你沒辦法收買他們。事實上，想要收買他們只會有反效果，讓他們更加不願意妥協或談判。二〇〇七年的一項研究審視了巴勒斯坦人與以色列人會對假設性的和平協議做出何種反應，重點是這項合約牽涉到對神聖價值的妥協（如巴勒斯坦人被要求放棄對東耶路撒冷的主權與重返聖城的權利）。[38]這研究接著還檢視了人在條件相同，但加上財務誘因的狀況下（比方說由以色列連續十年，每年支付十億美元），會有什麼反應。最後研究發現：人在感覺神聖價值遭到妥協的狀況下，給錢只會讓他們更加反對協議。加入錢的因素，會讓人感覺更加忿忿不平，更加樂於使用暴力去破壞協議。這種效應在不認為協議破壞了什麼神聖價值的人身上，是看不到的。如最後通牒賽局所顯示，只要主觀認定的不公平還在，則自殺炸彈攻擊不是給錢就可以打發的問題。信仰是無價的。

偶爾會有非神聖價值能披上神聖的外衣。有個會鼓勵這種現象的東西叫做社會排擠。神經科學家克拉拉．普里特斯（Clara Pretus）與同事觀察了人願意為神聖與非神聖價值吃虧的意願，還有他們的大腦在這類決策過程中的反應。他們招募了三十八名旅居巴塞隆納，且自稱會願意為了捍衛聖戰大業而訴諸暴力的年輕摩洛哥男性。[39]這些人接著玩了一個電腦遊戲名為Cyberball，玩法是有一顆「虛擬球」會在玩家之前傳來傳去，而電腦經過設定，則會讓其中一名玩家感覺受到接納（大量的球會傳給他們）或是排擠（球鮮少傳給他們）。這個遊戲的設計者想出這個點子，是因為在跟人玩飛盤時受到排擠，然後意外發現那感覺是如此之差。雖然Cyberball是個很簡單的遊戲，但它卻能透過排擠去創造出強烈的負面情緒。

普里特斯的團隊發現摩洛哥男性不論在Cyberball遊戲中感受到接納或排擠，都對為神聖價值而死表達出高度的意願。但當討論到非神聖價值時，在Cyberball中受到排擠會讓人更願意為這些價值而死。亦即社會孤立會讓人更把非神聖價值當成神聖價值去對待。

這項研究的另外一項發現是讓人感覺到社會孤立，會造成人腦對非神聖價值的反應更接近對神聖價值的反應。普里特斯與同僚發現在所有的受試者樣本中，大腦中名為「額下回」（inferior frontal gyrus）的部分，都會在人決定要為了神聖價值而戰的時候變得活躍，而在人決定要為非神聖價值而戰的時候，額下回就明顯沒有那麼激動。但當被社會孤立的人想著要為非神聖價值而戰時，其額下回活躍的程度明顯超過受到社會接納的人。亦即讓人感到被社會孤立，可以讓他們的大腦面對非神聖價值展現出與神聖價值類似的額下回反應。

額下回的一個功能，是要協助人根據規則做出決定。[40]額下回會拉出像是「若A則B」

這樣的資訊。這麼說吧，我們在看路標時所啟動的大腦部位，就是額下回。[41]在這類依規定做出的決策中，成本效益不會被納入考量。這麼去看的話，神聖價值的違反（以及遭到社會排擠者的非神聖價值違反），就有如通往惡意的路標一般。

✷

不分神聖與否的價值一旦被認為遭到違反，是什麼造成人會接下最極端的高成本懲罰，也就是炸彈攻擊呢？如我們所見，人一般不願意去從事高成本懲罰。在最後通牒賽局中，拒絕低分成是許多人不願意做的事情。許多人會在有選擇的時候，採取像附上便條這樣的低成本行為。

自殺炸彈客的想法是其它的選項已經行不通，只有訴諸暴力才是唯一的解答。[42]他們所屬的恐怖組織會刻意去形塑相關的怨恨與意識形態，藉此在成員心中創造出非暴力不可的觀念[43]，就像我們在紅軍派裡看到的那樣。紅軍派主張對話與溝通已經不可能，因為你跟創造出奧許維茲集中營的世代，沒什麼好談的。

炸彈客的候選人不僅要覺得自殺攻擊是唯一的答案，還必須相信這麼做在道理上站得住腳。要讓攻擊順利成行，炸彈客所屬的社群必須全心支持這項行動，或至少認為那在不得已的狀態下是可敬可佩的烈士行為。[44]

回想我們前面提到那位姊妹在街上被吐口水羞辱的男子，還有他與學者阿特蘭進行的對話。阿特蘭告訴年輕人說「種族歧視一直都有」，並納悶何以他此刻才想到要投身恐怖主義。「沒錯，」年輕人承認種族歧視不是什麼新鮮事，「但是以前沒有聖戰。」自殺炸彈客不僅要不滿於不公不義，他們還得接觸到強大的支援框架，且該框架必須點名惡意是一種合情合理的反應。

想想車臣黑寡婦的遭遇。[45]車臣人有復仇的傳統，但原本他們復仇的目標是虧待過他們的個人或近親。只不過俄國人的做法實在太過分，他們才將報復的半徑放大。但以手段而言，為什麼選擇當自殺炸彈客呢？這並不是一件多數車臣人支持的事情。史佩克哈德與阿克哈梅多娃認為在車臣所發生的狀況是：他們的世界被摔得支離破碎，而將之勉強黏起來的OK繃是一種宗教性的意識形態，一種可以接受自殺炸彈攻擊的意識形態。[46]

我們每個人，都針對世界運作的方式擁有各種沒有說出口的基本假設。[47]我們預設這個世界是公正的、是仁慈的、是可預測的。我們理所當然地認為我們與旁人都是道德與能力兼具的好人，而好人應該要有好報。這樣的假設會賦予生命意義，或讓我們得以在運勢的風向中安身立命。

每當創傷性的事件發生，這些基本假設就會被打破。這世界會變成一個冷漠、恐怖與難以逆料的地方。我們會意識到好人不一定有好報。事實上，人好不好跟命好不好沒有絕對的關係。我們再也信不過別人。我們認為自己很堅強且是自身命運主人的預設立場，儼然成為了一場幻象。由此我們心中會衍生出泰山壓頂般的焦慮。我們需要一個壓力的出口。有些人會選擇疏離，有些人會濫用毒品。但他們真正需要的是一個新版的故事來理解世界，讓自己知道該如何在新的現實中活下去。

在車臣社會中，一個宗教性的恐怖主義意識形態就提供了這樣一個故事，而這個故事也在為家庭成員復仇是天經地義的車臣社會中引發了共鳴。[48]如史佩克哈德與阿克哈梅多娃所認為，車臣分離主義運動原本並無宗教色彩，是後來在俄軍的步步進逼下，才不得不去向提倡恐怖主義的宗教性組織求助。如政治學教授約翰・洛伊特（John Reuter）表示，車臣的自殺炸彈客是「退無可退才被恐怖主義的宗教所騙」。[49]

一旦委屈的點被打中，炸彈客被說服了恐攻是唯一而正當的回應後，他們需要的就是對所屬團體產生足夠的認同來獲致執行任務的動機。恐怖分子可以是利他主義者，事實上，利他的心態被認為是許多自殺攻擊背後的動機。[50]如達爾文寫道，當兩群人產生衝突，勝利的關鍵就在於在你這邊擁有一個對其他選項視而不見，願意為大我犧牲小我的人。[51]

利他主義，如我們前面所見，代表的是願意為其他人的好處承擔代價。捐血、捐錢都是利他行為。本位主義式的利他主義（parochial altruism）是指願意承擔代價去傷害外部團體來讓自身所屬的團體受益。這相當於把惡意套上轡繩來服務利他的目的。利他主義豐富了惡意，讓其具有潛在的巨大殺傷力。

想像你玩著這樣一種實驗室賽局。[52]你跟一群人一起走進實驗室，然後被分成兩組。一隊叫做「你這隊」，另一隊叫做「他們那隊」。實驗者給了你十張樂透彩券，並表示實驗最後會有一場抽獎，最大獎是十塊。你可以在最多四張彩券上寫下自己的名字。在剩下的彩券中，你要麼可以寫上「你這隊」的名字，要麼可以寫上「他們那隊」的名字。名字寫好之後，這些彩券會被放入一頂帽子裡。開獎時如果抽出的彩券上是你的名字，你贏。如果上面寫著「你這隊」，獎金由你這隊的成員分享。如果抽到寫著「他們那隊」的彩券，那獎金就由另外一隊的人共享。

在抽獎開始前，你可以設法提高「你這隊」中獎的機率。但是你要提高「你這隊」中獎的機率，就必須犧牲你個人中獎的機率。具體而言，如果你願意撕掉一張上面有你名字的彩券，實驗主持人就會幫你撕掉五張上頭寫著「他們那隊」的彩券。這顯然對你的團隊有利，但你個人得付出代價。這被稱為「極端本位主義式的利他主義」（extreme parochial altruism）。你的利他主義就像雷射一樣對準了你的團隊。你願意把上頭有你名字的彩券撕掉多少張，就代表你極端本位主義式的利他主義有多強。

有種人最可能表現出極端本位主義式的利他主義，就是社會支配導向較高的那種人。社會支配導向所對應的是你希望所屬團體比其他團體優越的程度。具體而言要測量這種導向，可以去觀察你同不同意以下的命題：「有些人就是比其他人更有價值」、「如果我們不要那麼執著於人人平等，那這個國家一定會更好」、「為了出人頭地，有時候你就是得踩著別人往上爬」。[53]

社會支配導向背後的理論是，社會會為了把內部衝突降到最低，而讓人去同意某些族群高人一等。然後久而久之，特定族群高人一等就會變成不證自明的真理。這些「把階級正當化的迷思」，合理化了資源在社會團體間的分配不均。實例包括非裔在美國受到的非人待遇。但有「把階級正當化的迷思」，也有「打破階級的迷思」，也就是擺明不把人區分成類別與團體的意識形態。這類案例包括其宗旨就是要降低社會不平等的聯合國《世界人權宣言》。

社會支配導向較強的人會較不在乎他人福祉，較不支持社福方案，較不熱衷抗議活動。他們會較認同政治與經濟上的保守主義、民族主義、愛國主義、文化菁英主義、種族歧視、性別歧視，會認為強暴是一種迷思，會較可能接受或涉入暴力跟非法行為。[54] 政客會鎖定這些族群拉攏他們，對此已有研究發現，社會支配導向偏高者有較大比例支持過川普選總統。[55]

要能讓極端本位主義式的利他主義推著人去執行團體的利益，人與團體之間必須建立起根本的連結。他們跟團體必須你中有我，我中有你，也就是要達成認同或身分的融合。我們之前談過這種融合可以發生在兩個個體之間，比方說雙胞胎。但你其實也可以將個人的身分與團體融合。你會變成團體，團體會變成你。如此導致的一體感會創造出一種集體的無敵感跟宿命感。[56]任何勢力攻擊團體或讓團體受委屈，就是在攻擊你，就是在讓你受委屈。你愈是感覺與團體融為一體，你就愈可能說你願意為了捍衛團體而犧牲生命。[57]如果你的團體代表一種神聖的價值，那你就有可能願意出於惡意去行動，就算知道有去無回也沒關係。[58]

與人融合可以在共享的生物特徵基礎上進行。譬如我們會覺得跟自己的家人處於融合的狀態。確實，融合這種現象的誕生，有可能是為了促成家庭或家族成員相互合作與犧牲，以面對極端的威脅，包括來自其他團體的攻擊。[59]不過，融合也可以在共享的經驗基礎上發生。比方說即便是同卵雙胞胎，他們覺得身分融合的程度也不僅僅是因為他們的基因類似，也是因為他們有類似的生活經驗。[60]本質上，共享的經驗就能創造出新的家庭。

同甘共苦是讓人與人身分融合的利器。然後這就會提高他們願意為彼此犧牲的意願。[61]光是在腦中回想在一起熬過的苦日子，就能強化身分的融合。[62]人會願意為國捐軀，是因為他們感覺同胞就是自己的家人。[63]會有這種現象，是因為人會跟一起苦過的人分享共同的核心價值。由於與人分享核心價值是傳統上一種大家基因有關聯的徵象，因此這會創造出一種「血濃與水」的幻覺，進而推動利他主義。[64]

一起苦過的人會建立起革命情感，而這種情感會有可能強於他們跟家人的連結。在研究二〇一一年一起對抗過格達費政權的利比亞革命軍時，人類學者哈維・懷特豪斯（Harvey Whitehouse）的團隊發現革命軍士兵之間普遍存在親如家人的連結，甚至有近半士兵間擁有強於親情的羈絆。[65]同樣地，阿特蘭也發現庫德族的敢死軍（Peshmerga）常常會把「庫德之心」（Kurdeity；敢死軍對保家衛國的承諾）放在自己的家庭之前。阿特蘭舉了個例子是一名庫德族戰士跟他分享的故事。那一天，伊斯蘭國準備對他老家的村莊發動攻擊，對此他可以搶在伊斯蘭國入村前把家人接出來，也可以幫忙鞏固前線來阻止伊斯蘭國進軍。他只能二選一，結果他選擇了固守防線。他說這個選擇讓他醒著的每分每秒，內心都在淌血。[66]

懲罰之事可以交給上帝的概念，讓我們從反支配惡意上撕下了標籤。但宗教信條也可以是我們展現出支配惡意的管道，讓我們自覺高人一等。宗教也會支持以自殺炸彈攻擊形式展現的惡意。這種犯罪行為的動機，來自於炸彈客認為與他們水乳交融的團體受到了某種威脅，再加上與炸彈客之個人經驗有所共鳴的神聖價值被違反，點燃了某種道德怒火，最後則是有德高望重的組織開啟了合理性的綠燈。[67]所以這種問題該做何解呢？

我們知道報復的威脅會讓執行高成本懲罰的意願降低。但這一點能如何遏止自殺炸彈攻擊呢？人都死了，你要如何報復對方呢？你沒辦法報復炸彈客本人，但國家可以讓潛在的炸彈客知道他們會報復炸彈客身後留下的事物。有證據顯示這麼做是有效的。以色列國防軍會針對巴勒斯坦炸彈客或恐怖分子進行懲罰性的拆屋，結果自殺攻擊的次數出現了立即且顯著的下降。[68]

這類預懲行為除了有法律與道德上的問題以外，它們也無法從根本解決自殺炸彈客的動機：怨恨。確實，如拆屋研究的作者群所表示，「要釜底抽薪解決恐怖活動的問題，必須從政治面下手，軍事手段只是隔靴搔癢」。想有效減少自殺恐怖攻擊，你必須去傾聽、去承認、去處理民怨。我們或許無法認同這些怨言，也無法苟同以這些怨言之名所採取的行動，但這不代表這些怨言不該得到傾聽。

想處理這個問題的另外一個辦法，是要從圍繞著神聖價值的各種問題著手。首先，我們絕不能讓社會排擠，將有問題的非神聖價值升級到神聖的層級。第二，當神聖價值受到威脅時，我們必須按阿特蘭所說，拿出辦法讓這些神聖價值「被導向戰意較弱的道路上」。[69]

我們已經看到把錢扯進來，只會讓人更想採行高成本的懲罰。所以我們要如何才能讓關係到神聖價值的談判內容讓人吞得下去呢？一個答案是讓談判雙方都針對自身的神聖價值做出一些犧牲與讓步。一項研究發現，當巴勒斯坦人被告知以色列人準備要放棄他們心中在約旦河西岸的神聖主權後，巴勒斯坦人對和平協議的接受度也隨之變高。[70]如這項研究的作者群表示，這種態度也可見於以巴雙方的領導人之間。學者們給出了下列的實例來證明這一點。一名哈瑪斯領袖暨巴勒斯坦政府發言人發表聲明：「原則上，我們不反對巴勒斯坦國沿其一九六七年的邊界立國。但請讓以色列先向我們一九四八年的悲劇道歉，然後我們再來談我們重返巴勒斯坦古國的權利。同樣地，艾薩克・班－以色列（Issac Ben-Israel）作為一名以色列空軍少將退伍的政治學者，也表示「只要我們感受到哈瑪斯承認我們作為猶太國生存的權利，那我們就有得談」。[71]

美國的九一一委員會在報告中建議，若想解決恐怖攻擊的問題，美國與其盟國應該要「強調教育與經濟上的發展機會」。但是，該委員會也觀察到落後與高壓政權「墮落成沒有希望，志向與熱情也都找不到建設性出口的社會」。[72]這代表如阿特蘭所言，我們必須要為年輕人的志向與熱情找到一個比恐怖主義更有建設性的出路。

我們必須要支持並啟發我們的年輕人去擁抱有利於社會的奮鬥方向。而這些奮鬥必須要與神聖價值產生連結。年輕人需要機會去將他們的身分與其他從事利社會努力的夥伴融合在一起。包括「反抗滅絕」[73]在內等運動已經走上了這條道路。拯救地球已經成為一種神聖價值，而憑藉瑞典環保少女格蕾塔・童貝里（Greta Thunberg）等人的努力，我們已經有了知名的團體可以認同。作為這種奮鬥的一部分，我們可以把願意傷害自身短線物質利益與部分企業利益的「惡意」，用來促進人類與地球的長遠利益。我們可以讓利他主義那位見不得光的親戚重新棄暗投明。

學者正在用跟發掘出我們惡意者類似的經濟賽局，觀察我們可以如何促進合作來幫助我們的地球。在這類賽局中比拚的不是玩家A跟玩家B，而是現在跟未來。

這類賽局是這樣進行的。你跟另外四個人進行多回合的交鋒。每一回合代表一個人類世代。在第一回合中，你代表我們目前的世代；在第二回合中，你代表你的下一代；在第三回合中，你代表我們孫兒的世代，以此類推。實驗者會告訴你地球有一千億棵樹。你們各自必須決定要砍伐多少棵樹來滿足私利，每個人砍零棵到兩百億棵都行。每場賽局結束後，你可以把砍下的樹換成錢，所以你的私利確實會讓你有動機去盡量多砍樹。

這裡有個設定是在每一回合的尾聲，如果你們五個人合砍不超過五百億棵樹，那森林就會長回來。而這就代表在下一回合開場時（也就是進入下一世代），你們五個人又可以有一千億棵樹可以共享。但如果你們在某一回合中砍掉超過五百億棵樹，那樹就不會長回來。意思是如果你們合計砍了六百億棵樹，那下一回合（世代）就會從四百棵樹開場。

每一回合都合作不要砍超過五百億棵樹，也就是各自不要砍超過一百億棵樹，顯然最符合眾人長遠的利益。但以短線利益而言，自私地砍滿二百億棵樹才是最好的，因為萬一你不砍滿兩百億棵樹，而其他人都自私地砍得比你多，那你不就吃虧了？所以這時我們該怎麼做才好呢？

學者一共進行了十八輪這樣的賽局。[74]結果他們發現進入第四回合，沒有一次賽局可以最終還留下一千億棵樹。三分之二的玩家會在每一回合都進行合作，砍不超過一百億棵樹，但總是會有死硬派的少數非自私自利不可。他們會各自砍超過一百億棵樹，最終使整體砍伐數超過五百億棵，進而讓森林無法重生。

學者發現了一個辦法可以解決這個問題。與其讓人各自決定他們要砍多少樹，民主制度被引入了賽局。五名玩家必須在開賽前開會決定要砍多少樹。五個人各提一個數字，然後中位數就會是最後的結論。比方說若五名玩家各自提出的砍伐數是一百億棵、一百億棵、一百億棵、一百五十億棵跟兩百億棵，那中位數的一百億棵就會是大家得到的砍伐額度。

引入民主制度會從根本上改變賽局的結果。在二十輪民主制賽局中，每次最後都能有一千億棵樹留到最後。合作的多數總能控制住自私的少數。單一玩家不論是出於惡意還是自私的理由，都再也無法毀滅世界。這個世界不再會陷入火海，黑球會被留在袋內。賽局研究的作者群下了一個結論，「大多數的公民已經有了為大我犧牲的覺悟，我們缺的只是一個幫助他們完成心願的體制」。

結語　惡意的未來

惡意作為我們的「第四種行為」，是人性中的重要一環。我們可以欲這種損人不利己的心態去為惡或行善。惡意可以被用來剝削他人，也可以用來抗拒剝削。只要不公不義存在一天，我們就需要惡意，而只要惡意存在一天，不公不義就也不會消失。惡意既是問題，也時答案。理解惡意的根源與其內部的運作，會讓我們更能善用之。任由惡意留在黑暗中，只會讓人與其同流合汙。

惡意在不同人的心中有不同的分量。但沒有人的大腦不多少在聆聽著惡意的旨意行事。隨著我們的生活環境變得愈來愈競爭，資源愈來愈匱乏，這個世界會愈來愈用力地呼喚我們去遵循惡意。心懷惡意之人會在競爭中勝出，因為他們更能為了輸贏而不擇手段。這個世界知道要讓我們的大腦把話聽進去，通過肚皮是最快的路徑。飲食習慣的改變扭曲了我們心靈的運作機制，讓傷害別人變成樂事一樁。當別人拿走了我們的分成或損及我們的地位，我們就會憤怒與厭惡上身。同理心會被束之高閣。我們會不把人當人看。我們會讓他們付出代價，而這會讓我們身心舒暢，但我們又不好這麼告訴自己。所以我們會欺騙自己說我們是想要給他們個教訓，讓他們知道以後不能這麼做，也讓不公平的事情不再發生。但事實是，我們只是想傷害他們。惡意的「如何」就是這麼回事。

那惡意的「為何」呢？當下具有惡意的事情往往能帶來長遠的好處。惡意加上時間等於自利。反支配的惡意可以把惡霸、支配者與暴君拉下馬來。在此，惡意可以是一種伸張正義的工具。如果我們把惡意對準那些加害他人的傢伙，就會有社會資本的進帳。其他人會把他們的合作與尊敬當成報酬，支付給我們。如果把惡意對準那些傷害我們的傢伙，就能逼著他們把我們的福祉更當回事。假以時日，我們在語言的協助下，發展出了相對便宜也相對安全的高成本懲罰。我們同時也將惡意外包給神明跟國家。用尼采的說法就是，我們可以用「偷來的牙齒」去咬人。

支配型的惡意，其目的是為了將我們與他人之間隔出屏障。我們必須要決心付出代價，才能換得相對的優勢。我們樂於失去些什麼，只要那確實代表別人會被我們踩在腳下。我們可以失去些什麼，只要別人失去得比我們更多就好。這樣的惡意會讓我們確定有人墊背，會讓我們在競爭的環境中游刃有餘。歷史告訴我們這能賦予我們繁殖上的優勢，但我們也可能得為此蒙受不小的衝擊。

存在型的惡意，我們願意付出代價來證明理性、自然與宿命有誤的那種心情，看似有些悲壯，但那當中也可能隱藏著智慧。今天，存在型惡意可以被用作反支配的工具來對抗詭辯者。它可以被用來創造延伸性目標，幫助我們達成想都沒想過可以達成的目標。這種惡意可以強化創意。

惡意來自於暗處。其目的不是要讓人洗心革面去創造出公平與合作。它尋求的是傷害其他人，造成支配者的「改朝換代」。但惡意也可以幫助我們走進光明。惡意是懸在人際互動之上的一把達摩克利斯劍。[1] 它讓社會變得更公平，更屬意合作。

這些惡意帶來的好處，都各自附帶著顯而易見的成本。存在型惡意威脅著我們使用理性解決問題的能力。支配型惡意相對其他類型的惡意，或許比較能助我們一臂之力，但它會讓我們成為小池塘裡的王者，而失去了在大海中力爭上游的機會。反支配惡意可以化身為毀滅性的恨意。如果有人關上了社會進步的大門，我們的反支配性格就會召喚出對混亂的渴望，尋求將路徑上的一切蕩平，而結局就是波斯特隆姆流末世的一片狼藉。這種人萬萬不可手握黑球，因為那會帶我們回到第一章的原點：紅軍派。

我們現在可以用在書中學到的視角，去重新檢視紅軍派。在此我們學到的所有教訓，都可以套用在現在、過去與未來類似的團體上。我們可以講述一個年輕世代感覺被社會鎖在門外的故事。他們想要而得不到的社會地位成了他們唯恐天下不亂的動機。他們尋求毀滅，需求從灰燼之中帶著黃袍加身的地位如鳳凰重生。他們苦於一種「不得其門而入」症候群。

把對惡意的理解當成濾鏡，我們看到的紅軍派有著馬克思主義的色彩。有道陰魂不散的鬼魅纏著馬克思主義——那隻鬼魅就名叫惡意。這支政治哲學並不陌生於外界對其漠視人性的批評，但馬克思主義也眾所周知地沒有能處理惡意的問題。雖然馬克思不否認工薪階級的組成也是五花八門，並不具同質性，但他並不接受工人階級中的不同部分之間存在利益衝突。[2]對於窮人樂於放棄金錢去讓超級窮人無法翻身，馬克思會怎麼看呢？當窮人與超級窮人之間出現顯著的利益衝突時，他們還團結的起來嗎？馬克思主義者會說，這種現象只發生在人誤信「寧為雞首，不為牛後」的社會裡，但如果這真的就是人性的一部分，那馬克思主義就會變成一種「延伸性目標」，非常難做到。

把這一點套用在紅軍派上，我們就可以開始訴說一個有關一群年輕人的故事。這群年輕人想要經由對第三方進行高成本懲罰來收穫、享受名聲上的利益。在當時，馬克思主義廣受中產階級知識分子與學子的追捧。馬克思主義給了他們心理建設去自我犧牲，然後懲罰那些傷害過某些人（工人）的另外一群人（資本主義者、國家爪牙等）。對他們來說，馬克思主義的意義就在於對第三方的高成本懲罰，而這種懲罰如我們前面所見，跟社會認可有關。那讓社運分子得以把其他人從社會階梯上踹下去，然後名之為某種義行。

這幾乎是一種無人可抗拒的誘惑。小說家赫胥黎在一世紀前就標註過這種誘惑的強度。在一九二一年的著作《克羅姆莊園的鉻黃》（*Crome Yellow*）中，赫胥黎曾這麼寫道：「能夠去進行毀滅而不會良心不安，為了為惡而稱呼自己的惡行是『義憤』之舉——那是心理上至高的享受，是美味至極的道德佳餚。」

若說這些力量催生出了德國的紅軍派，還有與他們同時代的極端組織，包括美國的「氣象員」[3]，那這些人今天都去哪裡了呢？孕育出當年那些組織的力量，今日並沒有消失。我們或許創造出了比較安全、比較低成本的惡意形式，但想要對人施加惡意的衝動並未曾銷聲匿跡。或許這類人隱身到了網路之上。或許他們放下了玩命的炸彈，敲起了風險極低的鍵盤。

地球上有半數人口會上網使用臉書或推特等社群媒體平臺。我們在實體世界中創造了一個個虛擬世界。但網路世界不同於我們經由演化而生存於其中的世界。網路世界不僅鬆開了名為惡意的自然枷鎖，甚至還前所未見地鼓勵惡意。如果有不擇手段也要奴役、剝削人的馬基維利主義者想讓惡意淌流，創造社群網站絕對是他最好的選擇。社群網站可以降低惡意的成本，事半功倍地用惡意換得利益。社群媒體中肆虐著惡意的完美風暴。

網路上的匿名性，剪斷了現實世界中的惡意煞車。匿名消解了被報復的威脅。而一旦從被報復的恐懼解放出來，人就可以放手一搏，把反支配惡意瞄準任何地位高於他們，資源多於他們的人。他們會瘋狂地對正義嗤之以鼻，會往他人身上潑油點火，會在毀天滅地的喜悅中幸災樂禍。他們不在乎對方的成功是否是一分耕耘一分收穫，就算對方是腳踏實地得到的成功，他們也不會少恨對方一點。

就算你在線上做不到匿名，網路空間的其他特色也同樣會鼓勵惡意。首先，在網路上報復人比較不麻煩，由此惡意的成本也隨之降低。在網路上，我們就像是傳說中可以彈指間毀人名節的武術大師。第二，任何名為報復的代價會被廣泛均攤，因為攻擊同一個目標的除了你，可能還有成千上萬點讚或轉發的人。由此跟你一起承擔後果的不再是狩獵採集社會中的幾十個人，而是同時上線中的數千人或數萬人。

但或許在網路上暴露姓名會鼓勵我們去以惡意示人最重要的理由，牽涉到我們前面提到過，與針對第三方實施高成本懲罰有關的收穫。在網路上，我們可以監控人與人之間廣大的互動網絡。我們可以隨時在他們的互動中參一咖，然後把我們的反應公諸於世。這當中，就會跳出前所未見的機會供我們針對第三方進行高成本懲罰。我們只消敲敲鍵盤，打幾個字，就可以給得罪過或傷害某個第二者的傢伙一點顏色瞧瞧。這就讓針對第三方的高成本懲罰成立了（即便這裡的成本其實相當低，甚至只是有要付出成本的風險，但會不會真的要負擔這成本還很難講）。如我們前面所見，這種懲罰行為往往會獲得旁人的叫好與讚佩。如果我們非屬匿名，那大家就會知道我們是誰，我們就可以飽餐一頓網路上的肯定，在口碑上大加進補。如一名網友所言，「每次我罵人種族歧視或性別歧視，我體內就會湧上一股興奮的熱流。然後那股熱流又會得到星星、愛心與大拇指的確認，那些東西在社群媒體中，就相當於丟到你帽子裡，用來肯定你表現的銅板」。[4]

羞辱人的「肉搜文化」與抵制犯錯者的「社會性死亡文化」也不是沒有其正面意義，因為它們可以讓包括有權有勢者在內的人戒慎恐懼，讓人必須要為自己的行為負責，進而帶動正像的社會變革。願意按惡意行事，願意承擔成本來懲戒錯誤，可以是催生出正向改變的關鍵。反支配惡意有助於我們把需要被拉下馬的人拉下馬來。但這當中也包含著誤將勤懇、創新與慷慨之人「誤殺」的風險。再者，懲罰也可能過當。如《鄉民公審——是正義還是霸凌？》（*So You've Been Publicly Shamed*）的作者強・朗森（Jon Ronson）針對網友對錯誤行為的圍剿表示，「沾沾自喜的野蠻鄉民正義，可能會跟錯誤行為的嚴重性脫鉤」。[5]

在我們身處的資本主義社會裡，人外有人天外有天是必然的情形。而我們對身家地位高於我們的人會抱持一種複雜的情緒。我們一方面想要襄助他們、向他們學習、跟他們變得親近、尋求他們的庇護，但反支配的惡意又會讓我們想把他們拉下來。是什麼讓我們想把身居高位者拉下來而不是貼近他們，是一個開放式的問題。但如果惡意真的一天到晚讓高嶺之花中箭落馬，那這會讓力爭上游者接收到一種什麼樣的訊息呢？

從我們對懲罰本質的觀察，浮現出了一個相關的問題。懲罰的發生，往往是因為實施者想提高自身的地位。尋求支配力的惡意可以假扮成反支配的惡意。在此，網路攻擊將不再只是為了讓某個團體獲得平等的待遇，而是為了讓這個團體獲得宰制力。英國記者道格拉斯・莫瑞（Douglas Murray）就是持這種看法。他說許多旨在尋求平權的人權運動，包括訴求性別、種族與性傾向平等的團體，都已經「衝破了路邊的防撞圍欄」。「不以平等為滿足，他們都已經硬往『高人一等』的位置上，一屁股坐下去。」莫瑞表示。[6]演化生物學者布瑞特・懷恩斯坦（Bret Weinstein）做了類似的主張。他認為雖然大多數參與社會公義運動的人員都想要終結壓迫，創建符合公義的社會，但總有少數人想要「上演大逆轉」。[7]這群懷恩斯坦認為包含某些領袖級人物在內的少數人，他們的目的是要創造出一個處境，當中「那些特權者要居於人下，而那些他們心目中被壓迫最甚者，要成為資源與權柄的新主人」。[8]這種心態會萌生在常年受到壓迫的族群心中，是完全可以理解的。但我們需要確保就長期而言，我們不會把舊的支配與壓迫趕下臺，然後換上新一批的支配與壓迫。

所以我們要如何去應對網路上的惡意呢？我們不會想因噎廢食地把網路變成實名制，因為匿名有匿名的好處。所以這就把責任放回了個人的肩膀上。每個網民必須反思他們發表的文章會造成什麼後果。但我們也看到人其實對於自己何時是出於報復心態在懲罰他人，是非常盲目的。由此我們必須仰賴同儕提供給結構性的限制來規範我們，讓我們有問題的惡意不致失控。

我們的同儕必須點名是那些出於支配性惡意在亂來，為的是往自己臉上貼金而不是提振社會正義的傢伙，讓這些人無所遁形。讓世人知道這類網路攻擊就是在圖利自己的地位而非促進任何社群的權利，就有機會戳破這些鄉民正義的正面形象。

帶有貶意的「**釋放美德訊號**」（virtue-signaling）一詞已經廣為流行，而這反映的是大家已經知道第三方懲罰的動機是自私的，是懲罰者在為自己博取好名聲。但我們並沒有說法可以同時說明這種行為也是懲罰者在把人往下推，藉此讓自己相對上位。或許像是「美德攀登」（virtue climbing）的說法，是我們可以考慮的選項。

我們還必須仔細思考我們宣稱的高尚道德是否表裡如一。對人吐口水，是否真的是因為我們義憤填膺？又或者那是因為我們這麼做，是出於某種自私的理由？在第四章中，我提過我們要對我們宣稱的懲罰理由心存懷疑，因為那代表幕後一個更大的問題。許多學者都已經下了結論，那就是沒有人不偽善，沒有人不一面嫌道德麻煩，一面又強烈想擁有公平與道德的形象。[9]

每當有人說他們多憤怒於不公平的事情，我們就可以觀察到這種矛盾。心理學者丹尼爾・巴特森（C. Daniel Batson）認為對於「違反公平性」這種抽象概念的怒火，並不是一種真實的現象。事實上，他認為我們真正生氣的，是自己受到傷害。[10]對巴特森而言，我們之所以把對不公平有多生氣講得口沫橫飛，只是因為那透露著我們不在乎自己受到傷害的訊號。那暗示著我們的動機比別人純正而客觀。我們的介入看似高尚且符合社會觀感，而不是小鼻子小眼睛在圖利自己。那意味著所有人都應該要一起來撥亂反正。舉著義憤的大旗發言，會讓你對個人權益的關懷，化身為所有人都應該共同加入的世界聖戰。

但事實上，我們可能對那些抽象的道德標準完全無動於衷。道德化，可以是一種把別人的腳拖進「非難之火」的辦法。[11]在此同時，只要有一點機會，我們都會擺出道貌岸然的模樣，但私下亂七八糟。[12]巴特森認為用道德怒火去咒罵對公平性的違反，有可能是受害者希望藉此增加其他人助他們一臂之力的機率。我們都需要用力去檢視自己在線上跟線下的泛道德化，並誠實面對自己跟旁人。

✽

惡意之人也往往是愛唱反調之人。這是經得起考驗的事實。他們在「難相處」這種人格特質上的得分都非常高。[13]這看似不是一個很讓人想要擁有的特質，但這種特質卻會連結到一種特定形式的創意。[14]個性愈是顧人怨，往往代表你擁有數學與科學上的高天賦。[15]這背後的道理尚且不為人所知。有一種可能性是這關係到惡意者在競爭環境中較能如魚得水這點，也有可能他們身懷較強的存在性惡意，所以較願意去嘗試別人都說辦不到的事情。這種人格特質，也牽涉到對川普之流等民粹主義者的支持。[16]惡意、難搞、支持民粹的人，或許就是最有能力帶著人類科技前進的人。但他們在學術界並不受待見。如美國數學家艾瑞克·懷恩斯坦（Eric Weinstein）所言，這是個貨真價實的問題。[17]

我曾在媒體上看過一篇文章，講的是因發現DNA結構而獲頒一九六二年諾貝爾生理學或醫學獎[18]的詹姆斯·華森（James Watson），當中提到華森口吐的種族與性別歧視言論凸顯了「與其科學偉大成就完全不搭嘎的惡意人格」。[19]但問題是，他的個性真的跟他的才華，「完全無關」嗎？萬一個性跟才華有關係，那代表什麼意義？

如果社會真能受益於難搞的傢伙跟他們所創造出的各種進步，那我們要如何才能享受到這些天才，但又不用替這些人的行為開脫，不用對不合理的事睜隻眼閉隻眼，也不用硬是接受「成果重於過程」的結果論呢？

所幸，我們可能有種辦法可閃避掉這個難題。原來如果某人的生活環境支持創意思考，那麼他的難搞個性就比較跟創意沒關係。[20]惡意或許是從點 A 到點 B 的其中一條路，但它既不是唯一的一條路，也不是最理想的一條路。

✷

針對美國前總統比爾·柯林頓某幕僚當年那句「笨蛋，問題在經濟」背後的情緒，惡意提供了一項很重要的前提。一如最後通牒賽局所示，我們偶爾會願意承受經濟上的打擊。往好的方向想，我們付代價懲罰別人是為了鼓勵別人向善。但更接近現實的描述是我們這麼做，為的是打擊不公平，打擊支配者，也打擊菁英。我們會願意這麼做另外一個可能的理由，是擴大我們與他人的差距，是為了自己不要落到社會的底層。基層民眾的行事動機並非僅僅是狹隘的經濟自利，而菁英對這一點的不了解，正好成了一張溫床，培養出了惡意與城府甚深的反菁英，而這時就會造成災難性的結果。

雖然有人願意付出代價來摧毀他人理所當然的收穫，但不勞而獲的東西還是更加脆弱。貧富差距在美國等國已達到柴契爾夫人與雷根政府以來最嚴重的程度。[21]前述的燒錢研究顯示，百分之九十九的人對前百分之一的財富會有什麼反映，取決於這樣的貧富差距在主觀上被認為合不合理。你不需要強烈左傾，也能看出西方國家花了多少宣傳工夫去帶動貧富差距是努力與否所致的風向。美國夢的故事就是在告訴你，努力就能致富，成功會是你付出血汗所應得的成果。

反之，宣傳也可以把貧富不均塑造成一種不合理的結果，藉此來煽動社會內部的矛盾。像經過解密後，我們可以看到一九四四年一份美國中央情報局手冊中就描述了各種能用來顛覆美國二戰敵人的辦法，其中一招就是讓同情美國目標敵國企業經理去拔擢表現並不出色的員工，藉此來打擊公司內部的士氣與生產力。[22]

有個描寫典型美國與俄國人行為的老故事，講述了美國是如何鼓勵民眾以非惡意的態度去因應貧富差距。[23]這個故事是這麼說的：有個美國農夫的鄰居有頭冠軍牛，有個俄國農夫的農夫也有頭冠軍牛；但美國農夫的夢想是擁有一頭比鄰居更棒的冠軍牛，但俄國農的夢想卻是鄰居的冠軍牛可以一命嗚呼。俄國與美國農夫都不想落於人後，但俄國農夫想的是把別人拉下來，也就是均貧，美國農夫想的則是讓自己進步，也就是均富。在美國，民眾受到的「教育」是面對貧富差距，最好的辦法就是讓自己致富脫貧，他們不鼓勵用惡意去與有錢人為敵。

但萬一向上的流動性故障了，會發生什麼事呢？眼下我們已經看到證據顯示垂直流動出了問題。在過去半世紀，美國夢已經愈來愈應該被正名為「美國幻夢」。相對於一九四〇年出生的美國小孩有九成後來賺得比爸媽多，現在出社會的美國小孩只有五成有機會做到這一點。[24]這不僅僅是因為美國經濟成長率不若以往，更是因為經濟成長的分配不平均。[25]隨著覺得不公平的情緒散播，惡意也油然而生。

雖然有各種奮發向上的故事在幫貧富差距洗地，但富人要避免招忌，釜底抽薪的辦法還是從一開始就財不露白。我們都知道炫富會導致反彈。事實上，有人會花錢把自己的財富隱藏起來，不被同儕看見。[26]研究顯示我們嚴重低估了美國貧富差距之大[27]，而這也顯示有心人想掩藏事實的效果相當出眾。

但若是菁英階層既無法合理化，也無法隱藏他們的財富呢？那他們就應該要擔心惡意的攻擊了。一名反菁英的菁英將可以揭竿而起，利用這種惡意的情緒結合民主的手段，最終乘著民粹的浪潮上位。但比起選舉中的民粹，另一個更危險的可能性是如記者艾德華・盧斯（Edward Luce）所觀察到的，「遇到貧富不均居高不下，暴民就會成為富人的噩夢」。[28]在二〇〇七到二〇〇八年的金融海嘯中，歐巴馬總統據稱曾對銀行業的執行長們解釋說「替你們擋在農夫手中那根乾草叉前面的，就只剩我的政府了」。[29]在這種狀況下，允許惡意投票的民主制度便愈來愈成為了菁英的威脅。我們因此要更去提防菁英對民主的刻意破壞。

在十九世紀，哲學家約翰．史都華．彌爾（John Stuart Mill）提議取消「一人一票」，並改以教育程度的高低決定選票的權重。對於這種戕害民主精神的提案，我們要格外提高警覺。最終，我們需要更外顯的公共辯論來闡明平等的意義，以便我們可以找到眾人都能接受的解決方案。

我們必須要能控制住自己的惡意。我們必須要能按自己的意思發揮出惡意，而不是任由它像顆不定時炸彈一樣爆發。我們必須要能舞動手中的惡意來執行正義，而不能讓惡意淪為不公不義的幫凶。要做到以上這幾點，關鍵就在於我們必須學著去控制自己的怒氣。總有些時候，我們必須要拉住脾氣的韁索，就像也有些時候，我們必須要煽動自己內心那把正義之火。

許多哲學與宗教思想的流派，都曾經點出憤怒所代表的危險。[30]斯多噶派哲學家塞內卡（Seneca）認為憤怒是「最醜陋也最瘋狂的一種情緒」，並主張我們應該要設法「把憤怒從我們的心智中徹底翦除」。[31]同樣地，許多佛教傳統也鼓勵我們要放下憤怒，並認為這是我們通往得道之路的重要步驟。[32]

最後通牒賽局讓我們知道什麼可以，什麼又不能幫助我們在面對不公平時控制怒火。在收到低分成時壓抑你的怒火，並不會讓玩家帶著惡意說不的比率受到影響。但重新評估你的情緒，包括用客觀去分析分成的利弊，或去推測出某人給你特定分成的可能理由，都能讓帶著惡意說不的比率降低為本來的一半。[33]為了控制惡意，我們應該去思考另一名玩家採取特定行動的各種理由，而不該一味只想把自己的憤怒壓下去。

另一個我們可以克服憤怒與惡意的辦法，是化身為更理性的思考者。這將讓我們更能控制住自己的行為。在第二章，我們討論過一個觀念是，拒絕不公平的分成是我們預設的人性。要避免這種預設的行為，有個辦法是多花點時間去理性思考我們到底應該怎麼做才對。「認知反思」（cognitive reflection）可以用來衡量我們以理性思考取代本能反應的能力到哪裡。認知反思程度較高的人，便可以駕馭理性去超越內建的思想偏見。要具體了解我們能如何做到這點，大家可以嘗試一下下列的問題（解答在註腳裡），出處是達斯汀・卡爾維洛（Dustin Calvillo）與潔西卡・布爾傑諾（Jessica Burgeno）的研究著作。[34]

1. 凡是花都有花瓣。玫瑰有花瓣。如果這兩個命題都屬實，那我們是否可以得出一個結論是玫瑰是花？[35]
2. 傑瑞拿到的分數是全班第十五高，也是第十五低，請問傑瑞班上有多少位同學？[36]
3. 如果兩名護士花兩分鐘可以量完兩個病人的血壓，那量完兩百個病人的血壓需要多少分鐘？[37]

這些問題答對得愈多，你的認知反思水準就愈高。而認知反思水準較高者去參與最後通牒賽局，他們會較不至於出於惡意去拒絕低分成。[38]惡意似乎是基於本能反應，而不帶惡意地接受分成則關乎仔細而有意識的思慮。提升我們的思考能力，會有助於降低我們的惡意。當然，降低惡意也可能增加我們遭到剝削的機率。如我們稍早在喬瑟夫・漢瑞奇的研究中所見，想太多有時不是件好事。

靜思也是我們可以用來克服憤怒與限縮惡意的一個辦法。當有經驗的打禪之人在最後通牒遊戲中收到總額二十元當中的一元分成，他們拒絕的機率只有非打禪者的一半。[39]能做到這種地步，是因為他們踩下了離合器，讓情緒反應與後續行為脫鉤。這樣的他們較能根據真正的利弊去評估提議，而不會執著於比較自己與他人的收益高低。在不公平的分成提議中，靜坐者較非靜坐者會在關係到內在身體狀態與此時此刻的大腦區塊，展現出較多的活動量，記憶被啟動的證據則比較不明顯。他們多半會專注在自己確切可以拿到的錢，而不會陷於從過去到現在種種不公平的體驗。

特定的靜坐練習會有助於我們舒緩惡意。佛教中的「四無量心」可以幫助我們發展出對眾生的正向態度，包括對過得比我們好或跟我們過節之人都不例外。[40]細分之，四無量心包括**悲憫**、**隨喜**（為成功之人感到開心）、**中舍**（即平等心，冷靜看待他人的命運），與**慈愛**，即無私的善意。先透過打坐進入隨喜的心境，可以降低你在最後通牒賽局中所抱持的惡意。[41]有項研究發現賽前靜坐會讓百分之二十五的人對不公平的分成來者不拒。在沒有事先靜坐的玩家當中，則只有百分之八做得到這一點。靜坐不會讓人覺得不公平的分成變公平了，靜坐只會讓人的接受度變高。靜坐會讓我們更「見得別人好」，即便那代表我們得相對吃點虧。那會讓我們即便面對高大的罌粟花，也不會出於反支配惡意而忍不住去一刀剪下。[42]

關於這種論點，你可能會高喊「沒錯，惡意或許變少了，但這些人可就被剝削了呢！克服惡意聽起來很美麗，但那會不會讓我們變得太沒脾氣，太過鄉愿呢？答案是有可能。看人類的設計，似乎生來就是要釋放自己的情緒。不這麼做，難保不會有害於我們的身心健康。[43]人的不滿需要獲得傾聽。確實，情緒的宣洩可以降低人尋仇的動機。[44]控制情緒的目的不應該是為了消滅情緒，而應該是為了獲致睿智部署情緒的能力，讓理性告訴我們何時是釋放惡意最恰當的時機。如亞里斯多德所說，「能針對對的事、對的人，用正確的方法，在正確的時間，生長度剛剛好的氣，是值得讚許的事情」。[45]反支配的惡意可以不用被理解為一種疾病，而可以被視為是一種人遭到剝削時的反應。[46]那是一種我們應該常備的強大口袋工具。

我們需要去明辨。我們需要能決斷何時該用惡意去造成傷害，何時又該選擇原諒。要選擇不回應以惡意，我們必須要有好的理由。而這就牽涉到尼采所提出，一個叫做「無名怨憤」（ressentiment）的概念，也就是低層對高層，弱者對強者所懷抱的不滿。尼采認為我們雖然會原諒人，但那並不是出於我們處於有利的位置，而是因為我們害怕，因為我們不敢對強者的行為有太大反應。我們自認我們選擇原諒是一種懿行，但實情並非總是如此。那也有可能是我們把膽怯包裝成美德。有時候我們就得要勇敢，才能對不公不義之事行出惡意。

相關於此，心理學者麥可．邁卡洛（Michael McCullough）的研究團隊指出有種普遍的觀念是，復仇是一種心理疾病[47]，而這就意味著原諒是治病的藥。邁卡洛挑戰了這種觀念，並提問「復仇是否就像咳嗽？」若真如此，那就代表復仇有其功能，因為咳嗽是有作用的。壓抑復仇就跟壓抑咳嗽一樣，不見得是好事一樁。心理學者派特．巴克萊（Pat Barclay）補充說，復仇做得太過火的案例雖然所在多有而且廣為人知，但其實原諒做得太過火的例子也不少，只是我們對其視而不見。[48]在此我們可以想到的是電影《搶救雷恩大兵》中，由湯姆．漢克斯所扮演的角色。就是因為他放走了德軍士兵，片尾自己才會死於同一名德軍之手。如巴克萊所觀察，過火的原諒不被視為一種錯誤，是因為我們從小受的教育就是要肯定這種行為。但巴克萊認為「對任何一種情境而言，都存在最裡想的報復與原諒組成」。報復太少，我們就沒辦法嚇阻其他人，或甚至就等於在鼓勵其他人有樣學樣。原諒不夠多，我們就無法進行關係的和解。找到報復與原諒最適的平衡點，是「鬥而不破」最高境界。[49]

惡意作為一種強大的工具，不僅可以左右其他個人的行為，還可以用來對付自私自利的企業。一如丹尼爾．康納曼與其團隊所指出，追求利益最大化的企業要有誘因去尋求公平，就得靠客人願意用惡意去制裁企業的劣行。[50]我們必須願意抵制不買我們熱愛但道德有瑕疵的商品，用我們生活中的樂趣去換取企業損失盈利。為了做到這一點，我們就不能覺得企業那些不當的做法是「企業界的共業」，沒什麼好大驚小怪，我們必須看清那些行為違反了做人的道理跟公平的準則，而維繫這些道理與準則應該是企業的責任。這應該要讓我們怒火攻心，應該要讓我們覺得噁心，應該要讓我們願意克服恐懼去挑戰自己使出惡意。

即便是佛家中人，也明白惡意有其正面意義。佛教裡也有所謂「憤怒之慈悲」，佛也發火的概念。有喇嘛身分的約翰・馬克蘭斯基（John Makransky）主張我們不應該因為恐懼或排斥什麼而大發雷霆，只為了保護我們一己的私利或正義。[51]相對於此，我們應該要宛若慈愛的雙親去給頑皮的孩子教訓。憤怒的慈悲來自為了某人好而去與人起衝突的勇氣，這為的是讓他們不要被自身的貪婪、偏見、仇恨、恐懼與自我保護所害。[52]正所謂對事不對人，需要被摧毀的不是人，而是人身上這些不好的特質。只要能懷著憤怒的慈悲去善用惡意，那我們手上就多了一項強大的新方法可以去提升全人類的生命。

註腳

引　言　第四種行為

1. Schwarzbaum, H. (1968) *Studies in Jewish and world folklore* (vol. 3). Berlin: Walter de Gruyter & Co.
2. Marcus, D. K., Zeigler-Hill, V., Mercer, S. H., *et al.* (2014) 'The psychol- ogy of spite and the measurement of spitefulness', *Psychological Assessment*, 26 (2), 563–74.
3. Brereton, A. R. (1994) 'Return-benefit spite hypothesis: An explanation for sexual interference in stumptail macaques (*Macaca arctoides*)', *Primates*, 35 (2), 123–36; Gadagkar, R. (1993) 'Can animals be spiteful?', *Trends in Ecology & Evolution*, 8 (7), 232–4.
4. Bshary, R. and Bergmüller, R. (2008) 'Distinguishing four fundamental approaches to the evolution of helping', *Journal of Evolutionary Biology*, 21 (2), 405–20.
5. https://www.gutenberg.org/files/3300/3300-h/3300-h.htm
6. Frank, R. H., Gilovich, T. and Regan, D. T. (1993) 'Does studying economics inhibit co-operation?', *Journal of Economic Perspectives*, 7 (2), 159–71.
7. Hudík, M. (2015) 'Homo economicus and Homo stramineus', *Prague Economic Papers*, 24 (2), 154–72.

8. Scott-Phillips, T. C., Dickins, T. E. and West, S. A. (2011) 'Evolutionary theory and the ultimate–proximate distinction in the human behavio- ral sciences', *Perspectives on Psychological Science*, 6 (1), 38–47.

9. Kuzdzal-Fick, J. J., Foster, K. R., Queller, D. C., *et al.* (2007) 'Exploiting new terrain: An advantage to sociality in the slime mold *Dictyostelium discoideum*', *Behavioral Ecology*, 18 (2), 433–47.

10. Melis, A. P. and Semmann, D. (2010) 'How is human cooperation different?', *Philosophical Transactions of the Royal Society B: Biological Sciences*, 365 (1553), 2663–74.

11. David-Barrett, T. and Dunbar, R. I. M. (2016) 'Language as a coordination tool evolves slowly', *Royal Society Open Science*, 3 (12), 160259.

12. 如聯合國概述的：https://www.un.org/sustainabledevelopment/sustainable-development-goals/

13. Pinker, S. (2018) *Enlightenment now: The case for reason, science, humanism, and progress*. New York, NY: Penguin.

14. Pasher, Y. (2005) *Holocaust versus Wehrmacht: How Hitler's "Final Solution" undermined the German war effort*. Lawrence, KS: University Press of Kansas.

15. Rawls, J. (2009) *A theory of justice*. Cambridge, MA: Harvard University Press.

第一章　最後通牒

1. Eager, P. W. (2016) *From freedom fighters to terrorists: Women and political violence*. London: Routledge.

2. Becker, J. (1978) *Hitler's children: The story of the Baader–Meinhof*

terrorist gang. London: Granada.

3. 同上。亦可參見Aust, S. (2008) *The Baader–Meinhof complex*. New York, NY: Random House. 我聯絡了奧斯特（Aust）先生想釐清紅軍派成員死於獄中的更多細節，但沒有取得回覆。

4. 維爾納・古斯（Werner Güth）作為發起此基礎研究的學者，表示了他並沒有受到一九七七年秋那些事件的啟發。

5. Marcus *et al.* (2014). 出於版權問題，我並沒有使用作者實際上的問題，但各位可以在論文中看到原版的問題。至於有百分之五到十的人會對這類問題中的敘述表示同意，我的數據並非來自論文本身，而是取自作者的原始資料，對此我非常感謝該研究第一作者大衛・馬可斯教授的慷慨提供。

6. LaPiere, R. T. (1934) 'Attitudes vs. actions', *Social Forces*, 13 (2), 230–7; Firmin, M. W. (2010) 'Commentary: The seminal contribution of Richard LaPiere's attitudes vs actions (1934) research study', *International Journal of Epidemiology*, 39 (1), 18–20.

7. Kimbrough, E. O. and Reiss, J. P. (2012) 'Measuring the distribution of spitefulness', *PLoS One*, 7 (8), e41812.

8. Poundstone, W. (2011) *Priceless: The hidden psychology of value*. London: Oneworld Publications.

9. Henrich, J., Boyd, R., Bowles, S., *et al.* (2001) 'In search of Homo economicus: Experiments in 15 small-scale societies', *American Economic Review*, 91, 73–8; Bolton, G. E. and Zwick, R. (1995) 'Anonymity versus punishment in ultimatum bargaining', *Games and Economic Behavior*, 10 (1), 95–121; Thaler, R. H. (1988) 'Anomalies: The Ultimatum Game', *Journal of Economic Perspectives*, 2 (4), 195–206; Yamagishi, T., Horita, Y., Mifune, N., *et al.* (2012) 'Rejection of

unfair offers in the Ultimatum Game is no evidence of strong reciprocity', *Proceedings of the National Academy of Sciences*, 109 (50), 20364–8.

10. Poundstone (2011).

11. 同上。

12. 同上。

13. Jensen, K., Call, J. and Tomasello, M. (2007) 'Chimpanzees are vengeful but not spiteful', *Proceedings of the National Academy of Sciences*, 104 (32), 13046–50.

14. Jensen, K., Call, J. and Tomasello, M. (2007) 'Chimpanzees are rational maximizers in an Ultimatum Game', *Science*, 318, 107–9.

15. Kaiser, I., Jensen, K., Call, J. and Tomasello, M. (2012) 'Theft in an Ultimatum Game: Chimpanzees and bonobos are insensitive to unfairness', *Biology Letters*, 8 (6), 942–5.

16. 關於黑猩猩在最後通牒賽局中的表現，存在若干爭議。部分學者認為黑猩猩未能拒絕不公平的提議，是受到實驗進行方式影響的人為結果。他們認為黑猩猩確實有表現出某些對不公允待遇的抗拒；見Proctor, D., Williamson, R. A., de Waal, F. B. M., *et al.* (2013) 'Chimpanzees play the Ultimatum Game', *Proceedings of the National Academy of Sciences*, 110 (6), 2070–5. 靈長類學者認為心理學家可能低估了黑猩猩的合作能力；Suchak, M. and de Waal, F. B. M. (2016) 'Reply to Schmidt and Tomasello: Chimpanzees as natural team-players', *Proceedings of the National Academy of Sciences*, 113 (44), E6730–E6730. 這一點仍有待觀察。

17. Carter, J. R. and Irons, M. D. (1991) 'Are economists different, and if

so, why?', *Journal of Economic Perspectives*, 5 (2), 171–7.

18. Marwell, G. and Ames, R. E. (1981) 'Economists free ride, does anyone else?', *Journal of Public Economics*, 15 (3), 295–310.

19. Frank *et al.* (1993).

20. 當然他們大部分都還是很可愛的。只是話說回來…… Fourcade, M., Ollion, E. and Algan, Y. (2015) 'The superiority of economists', *Journal of Economic Perspectives*, 29 (1), 89–114.

21. Hoffman, E., McCabe, K. A. and Smith, V. L. (1996) 'On expectations and the monetary stakes in Ultimatum Games', *International Journal of Game Theory*, 25 (3), 289–301.

22. Poundstone (2011).

23. Cameron, L. A. (1999) 'Raising the stakes in the Ultimatum Game: Experimental evidence from Indonesia', *Economic Inquiry*, 37 (1), 47–59.

24. Henrich, J., Heine, S. J. and Norenzayan, A. (2010) 'The weirdest people in the world?', *Behavioral and Brain Sciences*, 33 (2–3), 61–83.

25. https://psmag.com/social-justice/joe-henrich-weird-ultimatum-game-shaking-up-psychology-economics-53135

26. Henrich *et al.* (2001).

27. https://psmag.com/social-justice/joe-henrich-weird-ultimatum-game-shaking-up-psychology-economics-53135

28. Henrich *et al.* (2001).

29. Morewedge, C. K., Krishnamurti, T. and Ariely D. (2014) 'Focused on fairness: Alcohol intoxication increases the costly rejection of inequitable

rewards', *Journal of Experimental Social Psychology*, 50, 15–20.

30. Halali, E., Bereby-Meyer, Y. and Meiran, N. (2014) 'Between self-interest and reciprocity: the social bright side of self-control failure', *Journal of Experimental Psychology: General*, 143 (2), 745–54.

31. Muraven, M. and Baumeister, R. F. (2000) 'Self-regulation and depletion of limited resources: Does self-control resemble a muscle?', *Psychological Bulletin*, 126 (2), 247–59.

32. 確實，部落中多數的暴力衝突，都肇因於性的衝突。見 Guala, F. (2012) 'Reciprocity: weak or strong? What punishment experiments do (and do not) demonstrate', *Behavioral and Brain Sciences*, 35 (1), 45–59.

33. Markovitz, A. (2009) *Topless prophet: The true story of America's most successful gentleman's club entrepreneur*. Detroit, MI: AM Productions.

34. https://www.telegraph.co.uk/news/worldnews/northamerica/usa/10457437/American-directs-large-middle-finger-statue-at-home-of-ex-wife.html

35. Christensen, N. A. (2017) 'Aristotle on anger, justice and punishment' (unpublished doctoral dissertation). University College London.

36. Scott, E. S. (1992) 'Pluralism, parental preference and child custody', *California Law Review*, 80 (3), 615–72.

37. Laing, M. (1999) 'For the sake of the children: Preventing reckless new laws', *Canadian Journal of Family Law*, 16, 229–83.

38. http://nymag.com/news/features/18474/index1.html; https://www.nytimes.com/2006/07/11/nyregion/11doctor.html; https://nypost.

com/2006/07/12/honey-i-blew-up-the-house-dr-booms-wife-says- its-tragic-explosive-woe-for-ex/

39. Johnston, J. R. (2003) 'Parental alignments and rejection: An empirical study of alienation in children of divorce', *Journal of the American Academy of Psychiatry and the Law Online*, 31 (2), 158–70.

40. Scott (1992).

41. Baker, A. J. L. (2005) 'The long-term effects of parental alienation on adult children: A qualitative research study', *American Journal of Family Therapy*, 33 (4), 289–302.

42. 參見 https://law.justia.com/cases/indiana/court-of-appeals/2003/10270302-jgb.html; http://content.time.com/time/magazine/article/0,9171,27683,00.html; https://apnews.com/292e020044f0c02ade7ea50156064f88

43. https://www.telegraph.co.uk/news/uknews/2480795/Depressed-mother-Emma-Hart-killed-five-year-old-son-to-spite-his-father.html; https://www.nbcnews.com/news/us-news/texas-mom-who-killed-daughters-called-family-meeting-shootout-n599961

44. 參見 Joiner, T. (2010) *Myths about suicide*. Cambridge, MA: Harvard University Press.

45. https://www.smh.com.au/national/nsw/joshua-ravindran-not-guilty-of-murdering-his-father-ravi-20130815-2ryn8.html; http://www.stuff.co.nz/world/australia/9050701/Fathers-suicide-may-have-been-spiteful-judge

46. Lanceley, F. J. (2005) *On-scene guide for crisis negotiators*. Washington, DC: CRC Press.

47. 同上。

48. 改編哲學家瑪莎・努斯鮑姆曾經寫過的東西：Nussbaum, M. C. (2013) *The therapy of desire: Theory and practice in Hellenistic ethics*. Princeton, NJ: Princeton University Press.

49. Resnick, P. J. (2016) 'Filicide in the United States', *Indian Journal of Psychiatry*, 58 (suppl. 2), S203.

50. Daly, M. and Wilson, M. (1988) *Homicide*. New York, NY: Transaction Publishers.

51. https://www.caranddriver.com/features/a25169632/lamborghini-supercars-exist-because-of-a-tractor/?

52. 同上。

53. https://www.cnbc.com/2018/05/05/warren-buffett-responds-to-elon-musks-criticism-i-dont-think-hed-want-to-take-us-on-in-candy. html; https://www.cnbc.com/2018/05/07/moats-and-candy-elon-musk-and-warren-buffet-clash.html

54. https://www.cnbc.com/id/39724884

55. https://www.rollingstone.com/music/music-news/elon-musk-rap- song-rip-harambe-815813/ 二〇一六年，美國一名三歲男童誤闖動物園的禁區，導致園方為保護男童安全而射殺了一頭名為哈蘭貝（Harambe）的低地大猩猩，為此伊隆・馬斯克唱了一首電音饒舌歌曲來紀念無辜慘死的動物。

56. Carpenter, J. and Rudisill, M. (2003) 'Fairness, escalation, deference and spite: strategies used in labor-management bargaining experiments with outside options', *Labour Economics*, 10 (4), 427–42.

57. Le Bon, G. (1897) *The crowd: A study of the popular mind*. New York,

NY: Fischer.

58. Aimone, J. A., Luigi, B. and Stratmann, T. (2014) 'Altruistic punishment in elections', CESifo Working Paper, No. 4945, Center for Economic Studies and Ifo Institute (CESifo), Munich, https://www.econstor.eu/bitstream/10419/102157/1/cesifo_wp4945.pdf

59. http://exiledonline.com/we-the-spiteful/

60. https://www.scientificamerican.com/article/occupy-wall-street-psychology/; Kuziemko, I., Buell, R. W., Reich, T., *et al.* (2014) ' "Last-place aversion": Evidence and redistributive implications', *Quarterly Journal of Economics*, 129 (1), 105–49.

61. Kuziemko *et al.* (2014).

62. Sznycer, D., Seal, M. F. L., Sell, A., *et al.* (2017) 'Support for redistribution is shaped by compassion, envy and self-interest, but not a taste for fairness', *Proceedings of the National Academy of Sciences*, 114 (31), 8420–5.

63. Bostrom, N. (2019) 'The vulnerable world hypothesis', *Global Policy*, 10 (4), 455–76.

64. 想讀讀關於核分裂的警世故事，見：https://en.wikipedia. org/wiki/David_Hahn; 想從故事中看到核融合帶來的啟示，見：https:/ /www.nationalgeographic.com/news/2015/07/150726- nuclear-reactor-fusion-science-kid-ngbooktalk/, or perhaps just leave things well alone.

65. Eckel, C. C. and Grossman, P. J. (2001) 'Chivalry and solidarity in Ultimatum Games', *Economic Inquiry*, 39 (2), 171–88; Marcus *et al.* (2014).

66. Marcus *et al.* (2014).

67. 同上。Lynam, D. R. and Derefinko, K. J. (2006) 'Psychopathy and personality', in C. J. Patrick (ed.), *Handbook of psychopathy* (pp. 133–55). New York, NY: Guilford Press.

68. Marcus *et al.* (2014); Lynam and Derefinko (2006).

69. Moshagen, M., Hilbig, B. E. and Zettler, I. (2018) 'The dark core of personality', *Psychological Review*, 125 (5), 656–88.

70. 同上。

71. Ridley, M. (2010) *The rational optimist: How prosperity evolves*. London: Fourth Estate.

72. Oosterbeek, H., Sloof, R. and Van de Kuilen, G. (2004) 'Cultural differences in Ultimatum Game experiments: Evidence from a meta-analysis', *Experimental Economics*, 7 (2), 171–88.

第二章　反支配的惡意

1. 譯註：Tardis，科幻影集《超時空博士》裡的電話亭造型時光機。

2. Boehm, C. (2012a) *Moral origins: The evolution of virtue, altruism, and shame*. New York, NY: Soft Skull Press.

3. 同上。

4. 同樣地，比較正確的說法是他們不會姑息有人想凌駕在其他人之上。

5. Lee, as cited in Boehm (2012a).

6. Wrangham, R. (2019) *The goodness paradox: The strange relationship between virtue and violence in human evolution*. New York, NY: Vintage.

7. Boehm (2012a).

8. Erdal, D. E. (2000) 'The psychology of sharing: An evolutionary approach' (unpublished doctoral thesis). University of St Andrews, Fife, Scotland.

9 譯註：Sic semper tyrannis. 拉丁文格言。

10. Erdal, D., Whiten, A., Boehm, C., *et al.* (1994) 'On human egalitarianism: An evolutionary product of Machiavellian status escalation?', *Current Anthropology*, 35 (2), 175–83.

11. 同上。

12. Erdal (2000).

13. Boehm, C. (2012b) 'Ancestral hierarchy and conflict', *Science*, 336 (6083), 844–7.

14. Haidt, J. (2012) *The righteous mind: Why good people are divided by poli- tics and religion*. New York, NY: Random House.

15. 如果死神是隻黑猩猩，千萬不要跟牠與肉搏，跟牠比針線活或任天堂比較有勝算。(https:// mentalindigestion.net/2009/04/03/760/). 看吧，《第七封印》（*The Seventh Seal*）這樣拍不是比較有趣。（譯按：《第七封印》是一九五七年的經典電影，最著名的場景是騎士與死神下西洋棋）

16. Boehm (2012a).

17. Wrangham (2019).

18. 同上。

19. 同樣地，這並不是說我們身為人類毫無攻擊性，只是說相對於我們在基因上的某些親戚，人類確實比較溫和。比方說根據藍干

（2019）的研究，人類社會的家暴比例不能說不驚人，他統計出女性一生中被男人打過至少一次的比例高達百分之四十一到七十一，但相對於此，野生母黑猩猩被雄性常態性毆打的比例是百分之百。.

20. Peterson, J. B. (2018) *12 rules for life: An antidote to chaos*. New York, NY: Random House.

21. Cook, J. L., Den Ouden, H. E., Heyes, C. M., *et al.* (2014) 'The social dominance paradox', *Current Biology*, 24 (23), 2812–16.

22. Anderson, C., Hildreth, J. A. D. and Howland, L. (2015) 'Is the desire for status a fundamental human motive? A review of the empirical literature', *Psychological Bulletin*, 141 (3), 574–601.

23. Blue, P. R., Hu, J., Wang, X., *et al.* (2016) 'When do low status individu-als accept less? The interaction between self and other-status during resource distribution', *Frontiers in Psychology*, 7, 1667.

24. Deaner, R. O., Khera, A. V. and Platt, M. L. (2005) 'Monkeys pay per view: Adaptive valuation of social images by rhesus macaques', *Current Biology*, 15, 543–8.

25. Tomasello, M., Melis, A. P., Tennie, C., *et al.* (2012) 'Two key steps in the evolution of human cooperation', *Current Anthropology*, 53 (6), 673–92.

26. Ratcliff, N. J., Hugenberg, K., Shriver, E. R., *et al.* (2011) 'The allure of status: High-status targets are privileged in face processing and memory', *Personality and Social Psychology Bulletin*, 37, 1003–15.

27. Tomasello *et al.* (2012).

28. Anderson *et al.* (2015).

29. Erdal (2000).

30. Erdal *et al.* (1994).

31. Boehm (2012a); Erdal (2000).

32. Morselli, D., Pratto, F., Bou Zeineddine, F., *et al.* (2012) 'Social dominance and counter dominance orientation scales (SDO/CDO): Testing measurement invariance', presented at the 35th annual meeting of the International Society of Political Psychology, Chicago, 6–9 July 2012.

33. 同上。

34. Brañas-Garza, P., Espín, A. M., Exadaktylos, F., *et al.* (2014) 'Fair and unfair punishers coexist in the Ultimatum Game', *Scientific Reports*, 4, 6025.

35. 取自 https://www.psychologytoday.com/ie/blog/the-dark-side-personality/201405/how-spiteful-are- you#comments_bottom 的評論區。

36. Fehr, E. and Fischbacher, U. (2003) 'The nature of human altruism', *Nature*, 425 (6960), 785–91.

37. Balliet, D., Mulder, L. B. and Van Lange, P. A. M. (2011) 'Reward, punishment and cooperation: A meta-analysis', *Psychological Bulletin*, 137 (4), 594–615.

38. Fehr, E., Fischbacher, U. and Gächter, S. (2002) 'Strong reciprocity, human cooperation and the enforcement of social norms', *Human Nature*, 13 (1), 1–25.

39. Guala (2012).

40. Gintis, H. (2000) 'Strong reciprocity and human sociality', *Journal of Theoretical Biology*, 206 (2), 169–79.

41. Bowles, S. and Gintis, H. (2002) 'Homo reciprocans: Altruistic punishment of free riders', *Nature*, 415 (6868), 125–7.

42. Brethel-Haurwitz, K. M., Stoycos, S. A., Cardinale, E. M., *et al.* (2016) 'Is costly punishment altruistic? Exploring rejection of unfair offers in the Ultimatum Game in real-world altruists', *Scientific Reports*, 6, 18974.

43. 同上。

44. Cárdenas, J. C. (2011) 'Social norms and behavior in the local commons as seen through the lens of field experiments', *Environmental and Resource Economics*, 48 (3), 451–85.

45. https://en.wikipedia.org/wiki/Milgram_experiment

46. Brethel-Haurwitz *et al.* (2016).

47. Fehr, E. and Schmidt, K. M. (1999) 'A theory of fairness, competition and cooperation', *Quarterly Journal of Economics*, 114 (3), 817–68.

48. 同上。

49. Sul, S., Güro lu, B., Crone, E. A., *et al.* (2017) 'Medial prefrontal cortical thinning mediates shifts in other-regarding preferences during adolescence', *Scientific Reports*, 7 (1), 8510.

50. Khalil, E. L. and Feltovich, N. (2018) 'Moral licensing, instrumental apology and insincerity aversion: Taking Immanuel Kant to the lab', *PLoS One*, 13 (11), e0206878.

51. Marchetti, A., Castelli, I., Harlé, K. M., *et al.* (2011) 'Expectations and outcome: The role of Proposer features in the Ultimatum Game', *Journal of Economic Psychology*, 32 (3), 446–9.

52. https://www.ted.com/talks/sam_harris_can_we_build_ai_without_

losing_control_over_it?language=en

53. Blount, S. (1995) 'When social outcomes aren't fair: The effect of causal attributions on preferences', *Organizational Behavior and Human Decision Processes*, 63 (2), 131–44. See also Sanfey, A. G., Rilling, J. K., Aronson, J. A. *et al.* (2003) 'The neural basis of economic decision-making in the Ultimatum Game', *Science*, 300 (5626), 1755–8.

54. Henrich *et al.* (2001).

55. Vavra, P., Chang, L. J. and Sanfey, A. G. (2018) 'Expectations in the Ultimatum Game: Distinct effects of mean and variance of expected offers', *Frontiers in Psychology*, 9, 992.

56. Sanfey, A. G. (2009) 'Expectations and social decision-making: Biasing effects of prior knowledge on Ultimatum responses', *Mind & Society*, 8, 93–107.

57. Zizzo, D. J. and Oswald, A. J. (2001) 'Are people willing to pay to reduce others' incomes?', *Annales d'Economie et de Statistique*, 39–65; Zizzo, D. J. (2003) 'Money burning and rank egalitarianism with random dicta- tors', *Economics Letters*, 81 (2), 263–6.

58. Jensen, K., Hare, B., Call, J., *et al.* (2006) 'What's in it for me? Self-regard precludes altruism and spite in chimpanzees', *Proceedings of the Royal Society B: Biological Sciences*, 273 (1589), 1013–121.

59. De Quervain, D. J.-F., Fischbacher, U., Treyer, V., *et al.* (2004) 'The neural basis of altruistic punishment', *Science*, 305 (5688), 1254–8.

60. Henrich *et al.* (2001).

61. Rodrigues, J., Nagowski, N., Mussel, P., *et al.* (2018) 'Altruistic punishment is connected to trait anger, not trait altruism, if compensation is

available', *Heliyon*, 4 (11), e00962; Seip, E. C., Van Dijk, W. W. and Rotteveel, M. (2014) 'Anger motivates costly punishment of unfair behavior', *Motivation and Emotion*, 38 (4), 578–88.

62. Gospic, K., Mohlin, E., Fransson, P., *et al.* (2011) 'Limbic justice – Amygdala involvement in immediate rejection in the Ultimatum Game', *PLoS Biology*, 9 (5), e1001054.

63. Birditt, K. S. and Fingerman, K. L. (2003) 'Age and gender differences in adults' descriptions of emotional reactions to interpersonal problems', *Journals of Gerontology Series B: Psychological Sciences and Social Sciences*, 58 (4), P237–P245.

64. Chapman, H. A., Kim, D. A., Susskind, J. M., *et al.* (2009) 'In bad taste: Evidence for the oral origins of moral disgust', *Science*, 323 (5918), 1222–6.

65. Sanfey, A. G., Rilling, J. K., Aronson, J. A., *et al.* (2003) 'The neural basis of economic decision-making in the Ultimatum Game', *Science*, 300 (5626), 1755–8.

66. Salerno, J. M. and Peter-Hagene, L. C. (2013) 'The interactive effect of anger and disgust on moral outrage and judgments', *Psychological Science*, 24 (10), 2069–78.

67. Yamagishi, T., Horita, Y., Takagishi, H., *et al.* (2009) 'The private rejection of unfair offers and emotional commitment', *Proceedings of the National Academy of Sciences*, 106 (28), 11520–3.

68. Gospic *et al.* (2011). 另一個例子是催產素（oxytocin）也可以降低男性（而非女性）的攻擊性。如你所預期，對最後通牒賽局的玩家施打催產素，會降低男性玩家惡意拒絕低分成的機率，但不會降低女性這麼做的機率。見 Zhu, R., Liu, C., Li, T., *et al.* (2019)

'Intranasal oxytocin reduces reactive aggression in men but not in women: A computational approach', *Psychoneuroendocrinology*, 108, 172–81.

69. Grimm, V. and Mengel, F. (2011) 'Let me sleep on it: Delay reduces rejection rates in Ultimatum Games', *Economics Letters*, 111 (2), 113–15.

70. Dunn, B. D., Evans, D., Makarova, D., *et al.* (2012) 'Gut feelings and the reaction to perceived inequity: The interplay between bodily responses, regulation and perception shapes the rejection of unfair offers on the Ultimatum Game', *Cognitive, Affective, & Behavioral Neuroscience*, 12, 419–29.

71. Gilam, G., Abend, R., Gurevitch, G., *et al.* (2018) 'Attenuating anger and aggression with neuromodulation of the vmPFC: A simultaneous tDCS-f MRI study', *Cortex*, 109, 156–70.

72. Gilam, G., Abend, R., Shani, H., *et al.* (2019) 'The anger-infused Ultimatum Game: A reliable and valid paradigm to induce and assess anger', *Emotion*, 19 (1), 84–96.

73. 考量到神經刺激會讓人覺得低分成不那麼不公平，因此刺激的效果不來自於幫助人控制憤怒，而來自於改變人對於不公平的感受。但話說回來，或許因為他們是先因為憤怒降低了，才推導出低分成沒那麼不公平的結論。這一點仍有待觀察。

74. Baumgartner, T., Knoch, D., Hotz, P., *et al.* (2011) 'Dorsolateral and ventromedial prefrontal cortex orchestrate normative choice', *Nature Neuroscience*, 14 (11), 1468–74.

75. Knoch, D., Pascual-Leone, A., Meyer, K., *et al.* (2006) 'Diminishing reciprocal fairness by disrupting the right prefrontal cortex', *Science*,

314 (5800), 829–32.

76. Knoch *et al.* (2006).

77. Knoch, D., Schneider, F., Schunk, D., *et al.* (2009) 'Disrupting the prefrontal cortex diminishes the human ability to build a good reputation', *Proceedings of the National Academy of Sciences*, 106 (49), 20895–9.

78. Speitel, C., Traut-Mattausch, E. and Jonas, E. (2019) 'Functions of the right DLPFC and right TPJ in proposers and responders in the Ultimatum Game', *Social Cognitive and Affective Neuroscience*, 14 (3), 263–70.

79. Fetchenhauer, D. and Huang, X. (2004) 'Justice sensitivity and distributive decisions in experimental games', *Personality and Individual Differences*, 36 (5), 1015–29.

80. 同上。

81. Singer, T., Seymour, B., O'Doherty, J. P., *et al.* (2006) 'Empathic neural responses are modulated by the perceived fairness of others', *Nature*, 439 (7075), 466–9.

82. 這種效果只顯著出現在男人身上，而這也意味著男性比女性更容易經由設定去成為懲罰者，至少在面對身體威脅時是如此。

83. Rai, T. S., Valdesolo, P. and Graham, J. (2017) 'Dehumanization increases instrumental violence, but not moral violence', *Proceedings of the National Academy of Sciences*, 114 (32), 8511–16.

84. 同上。

85. Fincher, K. M. and Tetlock, P. E. (2016) 'Perceptual dehumanization of faces is activated by norm violations and facilitates norm enforcement',

Journal of Experimental Psychology: General, 145 (2), 131–46.

86. Ewing, D., Zeigler-Hill, V. and Vonk, J. (2016) 'Spitefulness and deficits in the social–perceptual and social–cognitive components of Theory of Mind', *Personality and Individual Differences*, 91, 7–13.

87. Bryson, B. (1995) *Notes from a small island*. London: Transworld.

88. 指出這一點的是 Seip, E. C., Van Dijk, W. W. and Rotteveel, M. (2009) 'On hotheads and dirty harries: The primacy of anger in altruis- tic punishment', *Annals of the New York Academy of Sciences*, 1167 (1), 190–6.

89. Fehr, E. and Fischbacher, U. (2004) 'Third-party punishment and social norms', *Evolution and Human Behavior*, 25 (2), 63–87.

90. Riedl, K., Jensen, K., Call, J., *et al.* (2012) 'No third-party punishment in chimpanzees', *Proceedings of the National Academy of Sciences*, 109 (37), 14824–9.

91. McAuliffe, K., Jordan, J. J. and Warneken, F. (2015) 'Costly third-party punishment in young children', *Cognition*, 134, 1–10.

92. Pedersen, E. J., Kurzban, R. and McCullough, M. E. (2013) 'Do humans really punish altruistically? A closer look', *Proceedings of the Royal Society B: Biological Sciences*, 280 (1758), 20122723.

93. 同上。

94. Dos Santos, M., Rankin, D. J. and Wedekind, C. (2011) 'The evolution of punishment through reputation', *Proceedings of the Royal Society B: Biological Sciences*, 278 (1704), 371–7.

95. Sell, A. (2017) 'Recalibration theory of anger', *Encyclopedia of Evolutionary Psychological Science*, 1–3.

96. Tooby, J. and Cosmides, L. (2008) 'The evolutionary psychology of the emotions and their relationship to internal regulatory variables', in M. Lewis, J. M. Haviland-Jones and L. F. Barrett (eds), *Handbook of emotions* (pp. 114–37). London: Guilford Press.

97. McCullough, M. E., Kurzban, R. and Tabak, B. A. (2013) 'Cognitive systems for revenge and forgiveness', *Behavioral and Brain Sciences*, 36 (1), 1–15.

98. Raihani, N. J. and Bshary, R. (2015) 'Third-party punishers are rewarded, but third-party helpers even more so', *Evolution*, 69 (4), 993–1003.

99. Sylwester, K. and Roberts, G. (2013) 'Reputation-based partner choice is an effective alternative to indirect reciprocity in solving social dilemmas', *Evolution and Human Behavior*, 34 (3), 201–26.

100. Dreber, A., Rand, D. G., Fudenberg, D., *et al.* (2008) 'Winners don't punish', *Nature*, 452 (7185), 348–51.

101. Heffner, J. and FeldmanHall, O. (2019) 'Why we don't always punish: Preferences for non-punitive responses to moral violations', *Scientific Reports*, 9 (1), 1–13.

102. Barclay, P. (2006) 'Reputational benefits for altruistic punishment', *Evolution and Human Behavior*, 27 (5), 325–44.

103. Heffner and FeldmanHall (2019).

104. Guala (2012).

105. Molleman, L., Kölle, F., Starmer, C., *et al.* (2019) 'People prefer coordinated punishment in cooperative interactions', *Nature Human Behaviour*, 3 (11), 1145–53.

106. Berger, J. and Hevenstone, D. (2016) 'Norm enforcement in the city revisited: An international field experiment of altruistic punishment, norm maintenance, and broken windows', *Rationality and Society*, 28 (3), 299–319.

107. Hoebel, E. A. (1954) *The law of primitive man: A study in comparative legal dynamics*. Cambridge, MA: Harvard University Press.

108. Guala (2012).

109. Henrich, N. and Henrich, J. P. (2007) *Why humans cooperate: A cultural and evolutionary explanation*. Oxford: Oxford University Press.

110. 對某些人來說有三個，因為世上若沒有閒話，像《花邊教主》（*Gossip Girl*）這樣的美劇就拍不出來了。

111. https://www.youtube.com/watch?v=UoNHMJChnzA

112. Feinberg, M., Willer, R., Stellar, J., *et al.* (2012) 'The virtues of gossip: Reputational information sharing as pro-social behavior', *Journal of Personality and Social Psychology*, 102 (5), 1015–30; Wu, J., Balliet, D. and Van Lange, P. A. M. (2015) 'When does gossip promote generosity? Indirect reciprocity under the shadow of the future', *Social Psychological and Personality Science*, 6 (8), 923–30; Jolly, E. and Chang, L. J. (2018) 'Gossip drives vicarious learning and facilitates robust social connections', *PsyArXiv*, https://doi.org/10.31234/osf.io/qau5s.

113. Wu, J., Balliet, D. and Van Lange, P. A. M. (2016) 'Gossip versus punishment: The efficiency of reputation to promote and maintain cooperation', *Scientific Reports*, 6, 23919.

114. Turner, M. M., Mazur, M. A., Wendel, N., *et al.* (2003) 'Relational ruin or social glue? The joint effect of relationship type and gossip valence on liking, trust, and expertise', *Communication Monographs*, 70 (2), 129–41.

115. Xiao, E. and Houser, D. (2005) 'Emotion expression in human punishment behavior', *Proceedings of the National Academy of Sciences*, 102 (20), 7398–401.

116. Masclet, D., Noussair, C., Tucker, S., *et al.* (2003) 'Monetary and nonmonetary punishment in the voluntary contributions mechanism', *American Economic Review*, 93 (1), 366–80.

117. 同上。

118. Balafoutas, L., Nikiforakis, N. and Rockenbach, B. (2016) 'Altruistic punishment does not increase with the severity of norm violations in the field', *Nature Communications*, 7 (1), 1–6.

119. Raihani, N. J. and Bshary, R. (2019) 'Punishment: one tool, many uses', *Evolutionary Human Sciences*, 1, e12.

120. Baldassarri and Grossman (2011), as cited in Raihani and Bshary (2019).

121. Raihani, N. J. and McAuliffe, K. (2012) 'Human punishment is motivated by inequity aversion, not a desire for reciprocity', *Biology Letters*, 8 (5), 802–4.

122. Herrmann, B., Thöni, C. and Gächter, S. (2008) 'Antisocial punishment across societies', *Science*, 319 (5868), 1362–7.

123. Boehm (1999), as cited in Pleasant, A. and Barclay, P. (2018) 'Why hate the good guy? Antisocial punishment of high cooperators is greater

when people compete to be chosen', *Psychological Science*, 29 (6), 868–76.

124. Minson, J. A. and Monin, B. (2012) 'Do-gooder derogation: Disparaging morally motivated minorities to defuse anticipated reproach', *Social Psychological and Personality Science*, 3 (2), 200–7.

125. Pleasant and Barclay (2018).

126. 同上。

127. 同上。

128. Barclay, P. (2013) 'Strategies for cooperation in biological markets, especially for humans', *Evolution & Human Behavior*, 34 (3), 164–75.

129. Brañas-Garza *et al.* (2014).

第三章　支配的惡意

1. https://www.scientificamerican.com/article/occupy-wall-street-psychology/; Kuziemko *et al.* (2014).

2. Herrmann, B. and Orzen, H. (2008) 'The appearance of homo rivalis: Social preferences and the nature of rent seeking', CeDEx discussion paper series, No. 2008–10. 這群學者不認為「互槓人」是我們新創的人種，而是強調在對（或錯）的條件下，我們每個人都可能表現得像「互槓人」。人性具有液體般的可塑性，社會條件就是裝水的容器。

3. 致敬米爾頓的《失樂園》。

4. Van Lange, P. A. M., De Bruin, E. M. N., Otten, W., *et al.* (1997)

'Development of prosocial, individualistic, and competitive orientations: Theory and preliminary evidence', *Journal of Personality and Social Psychology*, 73 (4), 733–46.

5. 我的這些資料取自 Study 4 of Van Lange and colleagues' 1997 的論文（如上），該研究普遍抽樣了一千七百二十八人，其中一百三十五人無法分類，剩餘可分類者為一千五百九十三人，當中一千一百三十四人（百分之六十六）屬於「利社會者」，三百四十人（百分之二十）為「個人主義者」，一百一十九人（百分之七）為「競爭者」。我計算比例的分母是不是一千五百九十三人，而是一百三十五名無法分類者（百分之八）在內的一千七百二十八人。

6. Falk, A., Fehr, E. and Fischbacher, U. (2005) 'Driving forces behind informal sanctions', *Econometrica*, 73 (6), 2017–30.

7. Houser, D. and Xiao, E. (2010) 'Inequality-seeking punishment', *Economics Letters*, 109 (1), 20–23.

8. Abbink, K. and Sadrieh, A. (2009) 'The pleasure of being nasty', *Economics Letters*, 105 (3), 306–8.

9. Steinbeis, N. and Singer, T. (2013) 'The effects of social comparison on social emotions and behavior during childhood: The ontogeny of envy and Schadenfreude predicts developmental changes in equity-related decisions', *Journal of Experimental Child Psychology*, 115 (1), 198–209.

10. 有人會抗議說就技術上而言，受試者在這個賽局中的行為並非惡意，因為他們並不需要自費去傷害別人。但其實即便在你必須自掏腰包去摧毀他人所得時，這個賽局中還是有兩成五的人會匿名這麼做。

11. Rustichini, A. and Vostroknutov, A. (2008) 'Competition with skill and

luck', https://www.researchgate.net/publication/228372140_Competition_ with_Skill_and_Luck

12. Barclay, P. and Stoller, B. (2014) 'Local competition sparks concerns for fairness in the Ultimatum Game', *Biology Letters*, 10 (5), 20140213.

13. Hill, S. E. and Buss, D. M. (2006) 'Envy and positional bias in the evolu-tionary psychology of management', *Managerial and Decision Economics*, 27 (2–3), 131–43.

14. Gardner, A. and West, S. A. (2004) 'Spite and the scale of competition', *Journal of Evolutionary Biology*, 17 (6), 1195–203.

15. Prediger, S., Vollan, B. and Herrmann, B. (2014) 'Resource scarcity and antisocial behavior', *Journal of Public Economics*, 119, 1–9.

16. Raihani and Bshary (2019).

17. Crockett, M. J., Clark, L., Tabibnia, G., *et al.* (2008) 'Serotonin modulates behavioral reactions to unfairness', *Science*, 320 (5884), 1739.

18. Crockett, M. J., Clark, L., Hauser, M. D., *et al.* (2010) 'Serotonin selectively influences moral judgment and behavior through effects on harm aver- sion', *Proceedings of the National Academy of Sciences*, 107 (40), 17433–8.

19. 同上。

20. Crockett, M. J., Siegel, J. Z., Kurth-Nelson, Z., *et al.* (2015) 'Dissociable effects of serotonin and dopamine on the valuation of harm in moral decision making', *Current Biology*, 25 (14), 1852–9.

21. Crockett, M. J., Apergis-Schoute, A., Herrmann, B., *et al.* (2013) 'Serotonin modulates striatal responses to fairness and retaliation in humans', *Journal of Neuroscience*, 33 (8), 3505–13.

22. 克拉凱特團隊還發現血清素濃度的降低不論在人類或靈長類身上，都關係到不受控攻擊行為的增加，並往往導致靈長類受重傷或甚至死亡。此一攻擊性也可能促成惡意行為的發生。

23. McCullough, M. E., Pedersen, E. J., Schroder, J. M., *et al.* (2013) 'Harsh childhood environmental characteristics predict exploitation and retal- iation in humans', *Proceedings of the Royal Society B: Biological Sciences*, 280 (1750), 20122104.「血紅的獠牙與利爪」出自坦尼生的詩文：https://en.wikipedia.org/wiki/In_Memoriam_A.H.H.

24. Burnham, T. C. (2007) 'High-testosterone men reject low Ultimatum Game offers', *Proceedings of the Royal Society B: Biological Sciences*, 274 (1623), 2327–30.

25. Batrinos, M. L. (2012) 'Testosterone and aggressive behavior in man', *International Journal of Endocrinology and Metabolism*, 10 (3), 563–8.

26. Nave, G., Nadler, A., Dubois, D., *et al.* (2018) 'Single-dose testosterone administration increases men's preference for status goods', *Nature Communications*, 9 (1), 1–8.

27. Balafoutas, L., Kerschbamer, R. and Sutter, M. (2012) 'Distributional preferences and competitive behavior', *Journal of Economic Behavior & Organization*, 83 (1), 125–35.

第四章　惡意、演化與懲罰

1. Wallace, B., Cesarini, D., Lichtenstein, P., *et al.* (2007) 'Heritability of Ultimatum Game responder behavior', *Proceedings of the National*

Academy of Sciences, 104 (40), 15631–4.

2. 同上。

3. 同上。

4. Zhong, S., Israel, S., Shalev, I., *et al.* (2010) 'Dopamine D4 receptor gene associated with fairness preference in Ultimatum Game', *PLoS One*, 5 (11); Reuter, M., Felten, A., Penz, S., *et al.* (2013) 'The influence of dopaminergic gene variants on decision making in the Ultimatum Game', *Frontiers in Human Neuroscience*, 7, 242.

5. Dawkins, R. (2003) *A devil's chaplain: Selected writings*. London: Weidenfeld & Nicolson.

6. Vázquez, A., Gómez, Á., Ordoñana, J. R., *et al.* (2017) 'Sharing genes fosters identity fusion and altruism', *Self and Identity*, 16 (6), 684–702.

7. 整體而言，威爾森式的惡意把重點放在惡意對你親屬所提供的好處，而漢默頓式惡意則把重點放在傷害你的非親戚上。但最終，這只是一面硬幣的正反兩面而已；Lehmann, L., Bargum, K. and Reuter, M. (2006) 'An evolutionary analysis of the relationship between spite and altruism', *Journal of Evolutionary Biology*, 19 (5), 1507–16.

8. Smead, R. and Forber, P. (2013) 'The evolutionary dynamics of spite in finite populations', *Evolution: International Journal of Organic Evolution*, 67 (3), 698–707; Gardner and West (2004).

9. Keller, L. and Ross, K. G. (1998) 'Selfish genes: A green beard in the red fire ant', *Nature*, 394 (6693), 573–5.

10. 你可能想到的問題是為何基因的B版本沒有被徹底摧毀，而使得族群中只留下基因的A版本。答案是如果你擁有特別強的A版本基因，你便活不了太久。這種抗壓力存在的低機率，或許也說明了何以綠鬍鬚基因相當罕見。假以時日，大部分的綠鬍鬚基因都會被推向成為族群全體成員都共有的單一版本。

11. West, S. A. and Gardner, A. (2010) 'Altruism, spite and greenbeards', *Science*, 327 (5971), 1341–4; Gardner, A., Hardy, I. C. W., Taylor, P. D., *et al.* (2007) 'Spiteful soldiers and sex ratio conflict in polyembryonic parasitoid wasps', *American Naturalist*, 169 (4), 519–33.

12. Gardner, A. and West, S. A. (2006) 'Spite', *Current Biology*, 16 (17), R662–4.

13. Bhattacharya, A., Toro Díaz, V. C., Morran, L. T., *et al.* (2019) 'Evolution of increased virulence is associated with decreased spite in the insect- pathogenic bacterium *Xenorhabdus nematophila*', *Biology Letters*, 15 (8), 20190432.

14. Hauser, M., McAuliffe, K. and Blake, P. R. (2009) 'Evolving the ingredients for reciprocity and spite', *Philosophical Transactions of the Royal Society B: Biological Sciences*, 364 (1533), 3255–66.

15. Jensen, K. (2010) 'Punishment and spite, the dark side of cooperation', *Philosophical Transactions of the Royal Society B: Biological Sciences*, 365 (1553), 2635–50.

16. Gadagkar (1993).

17. 同上。亦參見Jensen (2010).

18. Brereton (1994); Trivers, R. (1985) *Social evolution*. Menlo Park, CA: Benjamin-Cummings; Jensen (2010).

19. Brereton (1994).

20. Hauser *et al.* (2009).

21. Johnstone, R. A. and Bshary, R. (2004) 'Evolution of spite through

indirect reciprocity', *Proceedings of the Royal Society B: Biological Sciences*, 271 (1551), 1917–22.

22. Forber, P. and Smead, R. (2014) 'The evolution of fairness through spite', *Proceedings of the Royal Society B: Biological Sciences*, 281 (1780), 20132439.

23. 同上。

24. 這讓我想起《黑爵士》(*Blackadder goes forth*)裡的經典場景：https://www.youtube.com/watch?v=yZT-wVnFn60

25. Chen, X., Szolnoki, A. and Perc, M. (2014) 'Probabilistic sharing solves the problem of costly punishment', *New Journal of Physics*, 16 (8), 083016.

16. Raihani and Bshary (2019).

27. Raihani and McAuliffe (2012).

28. Balliet *et al.* (2011).

29. Raihani and Bshary (2019).

30. Dreber *et al.* (2008).

31. Rand, D. G. and Nowak, M. A. (2011) 'The evolution of antisocial punishment in optional public goods games', *Nature Communications*, 2 (1), 1–7.

32. Dreber *et al.* (2008).

33. Crockett, M. J., Özdemir, Y. and Fehr, E. (2014) 'The value of vengeance and the demand for deterrence', *Journal of Experimental Psychology: General*, 143 (6), 2279–86.

34. 同上。

35. Xiao and Houser (2005).

第五章　惡意與自由

1. Pinker (2018).
2. https://en.wikipedia.org/wiki/Milgram_experiment
3. 想更有概念，你可以去看魔術師戴倫・布朗（Derren Brown）對這場實驗的複製，網址是：https://www.youtube.com/watch?v=Xxq4QtK3j0Y
4. Burger, J. M., Girgis, Z. M. and Manning, C. C. (2011) 'In their own words: Explaining obedience to authority through an examination of participants' comments', *Social Psychological and Personality Science*, 2 (5), 460–6.
5. Ryan, R. M. and Deci, E. L. (2000) 'Self-determination theory and the facilitation of intrinsic motivation, social development and well-being', *American Psychologist*, 55 (1), 68–78.
6. Kühler, M. and Jelinek, N. (eds) (2012) *Autonomy and the self* (vol. 118). Dordrecht: Springer Science+Business Media.
7. MacIntyre, A. (2011) *After virtue: A study in moral theory*. London: Bloomsbury; Schneewind, J. B. (1998) *The invention of autonomy: A history of modern moral philosophy*. Cambridge: Cambridge University Press; Siedentop, L. (2014) *Inventing the individual: The origins of Western liberalism*. Cambridge, MA: Harvard University Press.
8. Ryan, R. M. and Deci, E. L. (2006) 'Self-regulation and the problem of human autonomy: Does psychology need choice, self-determination, and will?', *Journal of Personality*, 74 (6), 1557–85.

9. Johnson, R. and Cureton, A. (2019) 'Kant's moral philosophy', in E. N. Zalta (ed.), *Stanford Encyclopedia of Philosophy* (Spring 2019 Edition), https://plato.stanford.edu/archives/spr2019/entries/kant-moral/

10. Christman, J. and Anderson, J. (eds) (2005) *Autonomy and the challenges to liberalism: New essays*. Cambridge: Cambridge University Press.

11. 英國名相邱吉爾對民主制度說過一樣的話。

12. Brehm, J. W. (1966) *A theory of psychological reactance*. Oxford: Academic Press.

13. https://en.wikipedia.org/wiki/Give_me_liberty,_or_give_me_ death!

14. Miller, C. H., Burgoon, M., Grandpre, J. R., *et al.* (2006) 'Identifying principal risk factors for the initiation of adolescent smoking behaviors: The significance of psychological reactance', *Health Communication*, 19 (3), 241–52.

15. Vohs, K. D. and Schooler, J. W. (2008) 'The value of believing in free will: Encouraging a belief in determinism increases cheating', *Psychological Science*, 19 (1), 49–54.

16. Baumeister, R. F., Masicampo, E. J. and DeWall, C. N. (2009) 'Prosocial benefits of feeling free: Disbelief in free will increases aggression and reduces helpfulness', *Personality and Social Psychology Bulletin*, 35 (2), 260–8.

17. Twenge, J. M., Zhang, L. and Im, C. (2004) 'It's beyond my control: A cross-temporal meta-analysis of increasing externality in locus of control, 1960–2002', *Personality and Social Psychology Review*, 8 (3), 308–19.

18. https: //theconversation.com/the-braveheart-effect-and-how-companies-manipulate-our-desire-for-freedom-102057

19. Brehm (1966).

20. Lenehan, G. E. and O'Neill, P. (1981) 'Reactance and conflict as determinants of judgment in a mock jury experiment', *Journal of Applied Social Psychology*, 11 (3), 231–9.

21. Hannah, T. E., Hannah, E. R. and Wattie, B. (1975) 'Arousal of psychological reactance as a consequence of predicting an individual's behavior', *Psychological Reports*, 37 (2), 411–20.

22. Worchel, S. and Brehm, J. W. (1970) 'Effect of threats to attitudinal freedom as a function of agreement with the communicator', *Journal of Personality and Social Psychology*, 14 (1), 18–22.

23. https://www.crisismagazine.com/1984/life-freedom-the-symbolism-of-2x2-4-in-dostoevsky-zamyatin-orwell

24. http://www.gutenberg.org/files/600/600-h/600-h.htm. 接下來所有出自杜斯妥也夫斯基的引言都來自上述出處，或來自於Dostoevsky, F. (2003) *Notes from underground and the Grand Inquisitor* (trans. R. E. Matlaw). New York, NY: Penguin, or Dostoevsky, F. (2009) *Notes from the underground* (trans. C. Garnett, ed. C. Guignon and K. Aho). Indianapolis, IN: Hackett.

25. https://www.crisismagazine.com/1984/life-freedom-the-symbolism- of-2x2-4-in-dostoevsky-zamyatin-orwell

26. Guignon, C. and Aho, K., 'Introduction', in Dostoevsky (2009).

27. Moon, D. (2014) *The abolition of serfdom in Russia: 1762–1907*. New York, NY: Routledge.

28. 資料來源包括：Guignon, C. and Aho, K., 'Introduction', in Dostoevsky (2009); St John Murphy, S. (2016) 'The debate around nihilism in 1860s Russian literature', *Slovo*, 28 (2), 48–68; Freeborn, R. (1985) *The Russian revolutionary novel: Turgenev to Pasternak*. Cambridge: Cambridge University Press.

29. Taleb, N. N. (2012) *Antifragile: Things that gain from disorder*. New York, NY: Random House.

30. Sowell, T. (2007) *A conflict of visions: Ideological origins of political struggles*. New York, NY: Basic Books.

31. https://ageconsearch.umn.edu/record/295553/files/WP25.pdf

32. 這一切並不是說我們永遠想要自由。如醫師阿圖爾・加萬德（Atul Gawande）所說，病人往往並不想要他們的醫生所提供給他們的自由與自主。他們想要的是別人幫他們選擇。加萬德舉出了一個親身的例子是他女兒曾經被趕送到急診室。當被問到要不要替女兒插管時，他的反應是他希望由急診室的醫師決定。按他的說法，他需要女兒的醫師「負起責任；至於結果好壞他們都願意接受」。加萬德還帶進了調查資料來支持他的說法，他認為人並不是隨時都想要獨立自主。他表示有六成五的人說如果他們罹癌，他們會希望自選療法，但在現實裡的癌症病患中，只有區區一成二的人真正自選療法。但起碼選擇不選擇，也是一種選擇。自治是一種即便我給出去，自己身上還是可以留一份的東西。見 Gawande, A. (2010) *Complications: A surgeon's notes on an imperfect science*. London: Profile Books.

33. Pinker (2018).

34. Henrich, J. (2017) *The secret of our success: How culture is driving human evolution, domesticating our species, and making us smarter.*

Princeton, NJ: Princeton University Press.

35. 同上。

36. 可見史迪芬・平克以貝式推理為題的演講影片：https://harvard.hosted.panopto.com/Panopto/Pages/Viewer.aspx?id=921ab5c6-3f83-450d-b23f-ab3b0140eeae

37. Wootton, B. (1967) *In a world I never made: Autobiographical reflections*. London: Allen & Unwin.

38. Thompson, K. R., Hochwarter, W. A. and Mathys, N. J. (1997) 'Stretch targets: What makes them effective?', *Academy of Management Executive*, 11 (3), 48–60; Sitkin, S. B., See, K. E., Miller, C. C., *et al.* (2011) 'The paradox of stretch goals: Organizations in pursuit of the seemingly impossible', *Academy of Management Review*, 36 (3), 544–66.

39. Manning, A. D., Lindenmayer, D. B. and Fischer, J. (2006) 'Stretch goals and backcasting: Approaches for overcoming barriers to large- scale ecological restoration', *Restoration Ecology*, 14 (4), 487–92.

40. https://hbr.org/2017/01/the-stretch-goal-paradox

41. https://bookmarks.reviews/george-orwells-1940-review-of-mein- kampf/

42. https://www.clivebanks.co.uk/THHGTTG/THHGTTGradio11.htm

43. Sitkin *et al.* (2011).

44. Rousseau, D. M. (1997) 'Organizational behavior in the new organizational era', *Annual Review of Psychology*, 48 (1), 515–46.

45. https://money.cnn.com/magazines/fortune/fortune_archive/1995/11/13/207680/index.htm

46. Kerr, S. and Landauer, S. (2004) 'Using stretch goals to promote organizational effectiveness and personal growth: General Electric and Goldman Sachs', *Academy of Management Executive*, 18 (4), 134–138.

47. https://hbr.org/2017/01/the-stretch-goal-paradox

48. Gaim, M., Clegg, S. and Cunha, M. P. E. (2019) 'Managing impressions rather than emissions: Volkswagen and the false mastery of paradox', *Organization Studies*, 0170840619891199.

49. 同上。

50. Sitkin *et al.* (2011).

51. https://hbr.org/2017/01/the-stretch-goal-paradox

52. Kahneman, D. (2012) *Thinking, fast and slow*. London: Penguin.

53. 同上。

54. Manning *et al.* (2006). See also https://treesforlife.org.uk/

第六章　惡意與政治

1. Holmes, M. (2004) 'Introduction: The importance of being angry: Anger in political life', *European Journal of Social Theory*, 7 (2), 123–32.

2. https://edition.cnn.com/election/2016/results/exit-polls

3. https://www.pewresearch.org/fact-tank/2016/09/02/for-many-voters-its-not-which-presidential-candidate-theyre-for-but-which- theyre-against/

4. https://edition.cnn.com/election/2016/results/exit-polls

5. 同上。

6. 同樣的模式也可以在投票給希拉蕊的選民當中看到，只不過占比低一些。說川普當選會讓他們不爽的人有百分之十三投給川普，但說希拉蕊當選會不爽的人只有百分之九投給她；說川普當選會擔心的人有百分之三十三投給川普，但說希拉蕊但選會擔心的人只有百分之十九投給她；最後，說川普當選會讓他們害怕的人有百分之二投給川普，但害怕希拉蕊當選的人只有百分之一投給她。

7. https://www.rawstory.com/2016/05/bernie-or-bust-voter-at-least- trump-will-bring-change-even-if-its-like-a-nazi-type-change/

8. https://eu.desmoinesregister.com/story/news/politics/2016/10/05/sanders-says-clintons-agenda-matches-his-own-but-backers-remain-skeptical/91541064/

9. Petersen, M. B., Osmundsen, M. and Arceneaux, K. (2018, September)'A "Need for Chaos" and the sharing of hostile political rumors in advanced democracies', https://doi.org/10.31234/osf.io/6m4ts

10. 此乃札克・卡特（Zach Carter）的論點：https://www.huffpost.com/entry/ democratic-party-chaos-vote_n_5de95ab6e4b0913e6f8d3d5e

11. 譯註：尼克・伯斯特隆姆認為人類社會就像有個大甕，裡面裝滿了不同顏色的小球，分別代表不同的理念、方法、科技，而我們可以把人類發揮創意的歷史想成伸入從甕中把球逐個取出的過程。迄今我們已經取出了許多白球跟和一些灰色的球，也較是有利無弊跟利弊參半的科技。黑球——某種會毀滅文明的科技——則尚未被抽出來。

12. Di Tella, R. and Rotemberg, J. J. (2018) 'Populism and the return of the "paranoid style": Some evidence and a simple model of demand for incompetence as insurance against elite betrayal', *Journal of*

Comparative Economics, 46 (4), 988–1005.

13. Bohnet, I. and Zeckhauser, R. (2004) 'Trust, risk and betrayal', *Journal of Economic Behavior & Organization*, 55 (4), 467–84.
14. 對於對統計學念茲在茲的你，這種效應的p值是0.07，且研究作者群並沒有為了執行多重統計檢定而去修正alpha值。
15. Graham, J., Haidt, J. and Nosek, B. A. (2009) 'Liberals and conservatives rely on different sets of moral foundations', *Journal of Personality and Social Psychology*, 96 (5), 1029–46.
16. https://www.theguardian.com/commentisfree/2018/jun/11/democrat-primary-elections-need-reform
17. 同上。
18. https://www.dni.gov/files/documents/ICA_2017_01.pdf
19. https://www.politico.com/story/2016/07/top-dnc-staffer-apologizes-for-email-on-sanders-religion-226072
20. Bordo, S. (2017) *The destruction of Hillary Clinton*. London: Melville House.
21. Gaughan, A. J. (2019) 'Was the Democratic nomination rigged?: A reexamination of the Clinton-Sanders presidential race', *University of Florida Journal of Law & Public Policy*, 29, 309–58.
22. 同上。
23. https: //www.facebook.com/berniesanders/phot os/a.324119347643076/1157189241002745/?type=3
24. http://transcripts.cnn.com/TRANSCRIPTS/1607/06/wolf.01.html
25. Voelkel, J. G. and Feinberg, M. (2018) 'Morally reframed arguments can

affect support for political candidates', *Social Psychological and Personality Science*, 9 (8), 917–24.

26. 譯註：班加西事件是指二〇一二年九月十一日晚間，美國駐利比亞的班加西領事館遭激進伊斯蘭恐怖分子襲擊，造成美國駐利比亞大使與美軍多人身亡。希拉蕊是當時的美國國務卿。

27. https://www.newsweek.com/robert-reich-why-you-must-vote-hillary-500197

28. https://www.dailymail.co.uk/news/article-3918926/Hollywood-starts-panic-results-aren-t-going-Clinton-s-way.html

29. Bordo (2017); Albright had been voicing this opinion for many years previously: https://www.thecut.com/2013/03/brief-history-of-taylor-swifts-hell-quote.html

30. https://www.thenation.com/article/sanders-supporters-its-infuriating-to-be-told-we-have-to-vote-for-hillary-but-we-do/

31. 合作國會選舉研究（Cooperative Congressional Election Study）在調查過約五萬人之後的資料公布於https://www.npr.org/ 2017/08/24/545812242/1-in-10-sanders-primary-voters-ended-up- supporting-trump-survey-finds?t=1586332242609

32. 同上。

33. 同上。

34. 投給川普的桑粉有半數認為白人在美國並無特權；https://www.npr.org/ 2017/08/24/545812242/1-in-10-sanders-primary-voters-ended-up-supporting-trump-survey-finds?t=1586332242609&t=1587813802090

35. https://libertyblitzkrieg.com/2016/03/03/bernie-or-bust-over-50000-sanders-supporters-pledge-to-never-vote-for-hillary/

36. https://www.theguardian.com/us-news/2016/jun/22/donald-trump-hillary-clinton-corrupt-person-president
37. https://digitalscholarship.unlv.edu/cgi/viewcontent.cgi?article=1036&context=comm_fac_articles
38. Di Tella and Rotemberg (2018).
39. https://www.theatlantic.com/politics/archive/2016/06/who-will-grab-the-bernie-or-bust-and-the-never-trump-vote/486254/
40. https://www.theguardian.com/world/2016/oct/27/wikileaks-bill-clinton-foundation-emails
41. https://twitter.com/realDonaldTrump/status/750352884106223616
42. Bordo (2017).
43. https://www.vox.com/2016/7/27/12306702/democratic-convention-obama-hillary-clinton-bill-qualified
44. 同上。
45. https://www.news.com.au/finance/work/leaders/the-moment-still-haunting-hillary-clinton-24-years-later/news-story/57ee06c9ca156a82339802987a938380
46. https://time.com/4559565/hillary-clinton-beyonce-cookies-teas-comment/
47. Bordo (2017).
48. https://www.theguardian.com/us-news/2016/oct/16/wikileaks-hillary-clinton-wall-street-goldman-sachs-speeches
49. Clinton, H. R. (2017) *What happened*. New York, NY: Simon and Schuster, 413.

50. https://www.wsj.com/articles/jonathan-haidt-on-the-cultural-roots-of-campus-rage-1491000676

51. Bordo (2017).

52. Minson and Monin (2012).

53. Guiso, L., Herrera, H., Morelli, M., *et al.* (2017)'Demand and supply of populism', CEPR Discussion Paper, No. 11871, Centre for Economic Policy Research, London.

54. https://www.youtube.com/watch?v=3z3UoO8JdOo

55. https://uk.ambafrance.org/Brexit-Ball-is-in-UK-s-court-on-Irish- border-issue-says-Minister

56. https://www.theguardian.com/politics/2006/apr/04/conservatives.uk

57. https://www.theguardian.com/politics/2016/jun/06/david-cameron-brexit-would-detonate-bomb-under-uk-economy

58. https:/ /www.telegraph.co.uk/news/2016/06/04/nigel-farage-migrants-could-pose-sex-attack-threat-to-britain/

59. https: / / www.ft.com / content / 3432b77e - 16a1 - 11e6 - 9d98-00386 a18e39d

60. https://www.telegraph.co.uk/opinion/2016/03/17/why-am-i- considered-a-bigot-or-an-idiot-for-wanting-britain-to-l/

61. https://www.politico.eu/article/nigel-farage-on-brexit-remainers-they-think-we-are-thick-stupid-ignorant-racist-european-parliament-election-uk/

62. https: //www.ft.com/content/3be49734-29cb-11e6-83e4-abc 22d5d108c

63. https://d25d2506sfb94s.cloudfront.net/cumulus_uploads/document/atmwrgevvj/TimesResults_160622_EVEOFPOLL.pdf

64. Turchin, P. (2003) *Historical dynamics: Why states rise and fall.* Princeton, NJ: Princeton University Press.

65. Fournier, J. C., DeRubeis, R. J., Hollon, S. D., *et al.* (2010) 'Antidepressant drug effects and depression severity: A patient-level meta-analysis', *JAMA*, 303 (1), 47–53. 顯然如果你原本有服用中的抗憂鬱藥，而現在有意停用，那你必須要先與專業醫療人員進行諮詢。

66. Read, J., Cartwright, C. and Gibson, K. (2014) 'Adverse emotional and interpersonal effects reported by 1829 New Zealanders while taking antidepressants', *Psychiatry Research*, 216 (1), 67–73.

67. https://www.cdc.gov/nchs/data/databriefs/db283.pdf

68. Iacobucci, G. (2019) 'NHS prescribed record number of antidepressants last year', *BMJ*, 364, l1508.

69. https://www.cdc.gov/nchs/data/databriefs/db327-h.pdf

70. Del Río, J. P., Alliende, M. I., Molina, N., *et al.* (2018) 'Steroid hormones and their action in women's brains: The importance of hormonal balance', *Frontiers in Public Health*, 6, 141.

第七章　惡意與所謂神聖之物

1. 羅馬書十二章十九節。

2. 以西結書二十五章十七節。

3. https://www.pewresearch.org/fact-tank/2017/04/05/christians-remain-

worlds-largest-religious-group-but-they-are-declining-in-europe/

4. Laurin, K. (2017) 'Belief in God: A cultural adaptation with important side effects', *Current Directions in Psychological Science*, 26 (5), 458–63; Laurin, K., Shariff, A. F., Henrich, J., *et al.* (2012) 'Outsourcing punishment to God: Beliefs in divine control reduce earthly punishment', *Proceedings of the Royal Society B: Biological Sciences*, 279 (1741), 3272–81.
5. Laurin (2017); Laurin *et al.* (2012).
6. Laurin *et al.* (2012).
7. 同上。
8. Reeve, Z. (2019) 'Terrorism as parochial altruism: Experimental evidence', *Terrorism and Political Violence*, 1–24.
9. McCauley, C. (2014) 'How many suicide terrorists are suicidal?', *Behavioral and Brain Sciences*, 37 (4), 373–4.
10. Eswaran, M. and Neary, H. M. (2018) 'Decentralized terrorism and social identity', Microeconomics.ca working paper, https://ideas.repec.org/p/ubc/pmicro/tina_marandola-2018-4.html
11. LaFree, G. and Dugan, L. (2004) 'How does studying terrorism compare to studying crime?', in M. Deflem (ed.), *Terrorism and counter-terrorism: Criminological perspectives* (Sociology of Crime, Law and Deviance, vol. 5) (pp. 53–74). Bingley: Emerald.
12. McCauley (2014).
13. Qirko, H. N. (2009) 'Altruism in suicide terror organizations', *Zygon*, 44 (2), 289–322.
14. Atran, S. (2010) *Talking to the enemy: Faith, brotherhood, and the*

(un)making of terrorists. New York: HarperCollins; Atran, S. (2016) 'The devoted actor: Unconditional commitment and intractable conflict across cultures', *Current Anthropology*, 57 (S13), S192–S203.

15. Jacques, K. and Taylor, P. J. (2008) 'Male and female suicide bombers: Different sexes, different reasons?', *Studies in Conflict & Terrorism*, 31 (4), 304–26.

16. Blackwell, A. D. (2008) 'Middle-class martyrs: Modeling the inclusive fitness outcomes of Palestinian suicide attack', https://www.researchgate.net/publication/323883656_Middle-class_martyrs_Modeling_ the_inclusive_fitness_outcomes_of_Palestinian_suicide_attack

17. Jacques and Taylor (2008).

18. Eswaran and Neary (2018).

19. 同上。

20. Stern, J. (2004) 'Beneath bombast and bombs, a caldron of humiliation', *Los Angeles Times*, 6 June.

21. https://www.9-11commission.gov/report/911Report.pdf

22. Atran, S. (2010, March 10) 'Hearing before the Subcommittee on Emerging Threats and Capabilities of the Committee on Armed Services. United States Senate, 111th Congress, Second Session', https: / /www.govinfo.gov/content/pkg/CHRG -111shrg63687/html/ CHRG-111shrg63687.htm

23. Speckhard, A. and Akhmedova, K. (2006) 'Black widows: The Chechen female suicide terrorists', in Y. Schweitzer (ed.), *Female suicide terrorists*. Tel Aviv: Jaffee Center for Strategic Studies.

24. 同上。

25. 同上。

26. 同上。

27. 同上。

28. Atran, S. (2003) 'Genesis of suicide terrorism', *Science*, 299 (5612), 1534–9.

29. Atran, S. and Sheikh, H. (2015) 'Dangerous terrorists as devoted actors', in V. Zeigler-Hill, L. L. M. Welling and T. K. Shackelford (eds), *Evolutionary perspectives on social psychology* (pp. 401–16). Cham: Springer.

30. Atran (2003).

31. 同上。

32. Ginges, J. and Atran, S. (2011) 'War as a moral imperative (not just practical politics by other means)', *Proceedings of the Royal Society B: Biological Sciences*, 27 (1720), 2930–8.

33. https://www.youtube.com/watch?v=7SFc1l62FJ4

34. Hamid, N., Pretus, C., Atran, S., *et al.* (2019) 'Neuroimaging "will to fight" for sacred values: an empirical case study with supporters of an Al Qaeda associate', *Royal Society Open Science*, 6 (6), 181585.

35. Pretus, C., Hamid, N., Sheikh, H., *et al.* (2019) 'Ventromedial and dorsolateral prefrontal interactions underlie will to fight and die for a cause', *Social Cognitive and Affective Neuroscience*, 14 (6), 569–77.

36. 同上。

37. Hamid *et al.* (2019).

38. Ginges, J., Atran, S., Medin, D., *et al.* (2007) 'Sacred bounds on

rational resolution of violent political conflict', *Proceedings of the National Academy of Sciences*, 104 (18), 7357–60.

39. Pretus, C., Hamid, N., Sheikh, H., *et al.* (2018) 'Neural and behavioral correlates of sacred values and vulnerability to violent extremism', *Frontiers in Psychology*, 9, 2462.

40. Berns, G. S., Bell, E., Capra, C. M., *et al.* (2012) 'The price of your soul: Neural evidence for the non-utilitarian representation of sacred values', *Philosophical Transactions of the Royal Society B: Biological Sciences*, 367 (1589), 754–62.

41. Souza, M. J., Donohue, S. E. and Bunge, S. A. (2009) 'Controlled retrieval and selection of action-relevant knowledge mediated by partially overlapping regions in left ventrolateral prefrontal cortex', *Neuroimage*, 46 (1), 299–307.

42. Reeve (2019).

43. 同上。

44. Pedahzur, A. (2004) 'Toward an analytical model of suicide terrorism–a comment', *Terrorism and Political Violence*, 16, 841–4.

45. Speckhard and Akhmedova (2006).

46. 同上。

47. Janoff-Bulman, R. (1992) *Shattered assumptions: Towards a new psychol- ogy of trauma*. New York, NY: Free Press.

48. Speckhard and Akhmedova (2006).

49. https://jamestown.org/wp-content/uploads/2011/01/Chechen_ Report_ FULL_01.pdf ?x17103

50. Pape, R. A. (2006) *Dying to win: The strategic logic of suicide terrorism*. New York, NY: Random House; Qirko (2009).

51. Sheikh, H., Ginges, J. and Atran, S. (2013) 'Sacred values in the Israeli–Palestinian conflict: Resistance to social influence, temporal discounting and exit strategies', *Annals of the New York Academy of Sciences*, 1299, 11–24.

52. Reeve (2019).

53. Pratto, F., Sidanius, J., Stallworth, L. M., *et al.* (1994) 'Social dominance orientation: A personality variable predicting social and political attitudes', *Journal of Personality and Social Psychology*, 67 (4), 741–63.

54. 同上。; Lemieux, A. F. and Asal, V. H. (2010) 'Grievance, social dominance orientation, and authoritarianism in the choice and justification of terror versus protest', *Dynamics of Asymmetric Conflict*, 3 (3), 194–207.

55. Crowson, H. M. and Brandes, J. A. (2017) 'Differentiating between Donald Trump and Hillary Clinton voters using facets of right-wing authoritarianism and social-dominance orientation: A brief report', *Psychological Reports*, 120 (3), 364–73; Choma, B. L. and Hanoch, Y. (2017) 'Cognitive ability and authoritarianism: Understanding support for Trump and Clinton', *Personality and Individual Differences*, 106, 287–91. 如果這段內容已經讓你覺得惱火，那就不要閱讀Choma和Hanoch的論文。我沒跟你開玩笑。

56. Swann, W. B. Jr., Jetten, J., Gómez, Á., *et al.* (2012) 'When group membership gets personal: A theory of identity fusion', *Psychological Review*, 119 (3), 441–56; Atran, S. (2020) 'Measures of devotion to ISIS and other fighting and radicalized groups', *Current Opinion in*

Psychology, 35, 103–7.

57. Swann, W. B. Jr., Buhrmester, M. D., Gómez, Á., *et al.* (2014) 'What makes a g roup worth dying for? Identity fusion fosters perception of familial ties, promoting self-sacrifice', *Journal of Personality and Social Psychology*, 106 (6), 912–26.

58. Sheikh, H., Gómez, Á. and Atran, S. (2016) 'Empirical evidence for the devoted actor model', *Current Anthropology*, 57 (S13), S204–9.

59. Whitehouse, H. and Lanman, J. A. (2014) 'The ties that bind us: Ritual, fusion and identification', *Current Anthropology*, 55 (6), 674–95.

60. Whitehouse, H., Jong, J., Buhrmester, M. D., *et al.* (2017) 'The evolution of extreme cooperation via shared dysphoric experiences', *Scientific Reports*, 7, 44292.

61. 同上。

62. 參見Whitehouse, H. (2018) 'Dying for the group: Towards a general theory of extreme self-sacrifice', *Behavioral and Brain Sciences*, 41, e192.

63. 同上。

64. Swann *et al.* (2014).

65. Whitehouse, H., McQuinn, B., Buhrmester, M. D., *et al.* (2014) 'Brothers in arms: Libyan revolutionaries bond like family', *Proceedings of the National Academy of Sciences*, 111 (50), 17783–5.

66. Atran (2016).

67. Sageman, M. (2014) 'The stagnation in terrorism research', *Terrorism and Political Violence*, 26 (4), 565–80; Atran (2010).

68. Benmelech, E., Berrebi, C. and Klor, E. F. (2015) 'Counter-suicide-terrorism: Evidence from house demolitions', *Journal of Politics*, 77 (1), 27–43. 懲罰性拆屋的效果會時間遞減。再者，預防性的拆物（根據房子的地點而非房子的主人身分或行為來進行的拆屋）會造成自殺恐怖攻擊的增加。

69. Atran, S. (2006) 'The moral logic and growth of suicide terrorism', *Washington Quarterly*, 29 (2), 127–47.

70. Ginges *et al.* (2007).

71. 同上。

72. Kean, T. H., Hamilton, L. H., Ben-Veniste, R., *et al.* (2004) *The 9/11 Commission report: Final report of the National Commission on Terrorist Attacks upon the United States*, https://www.9-11commission.gov/ report/911Report.pdf

73. 譯註：Extinction Rebellion，簡稱XR，為全球性的環保運動，旨在透過非暴力的公民不服從來迫使政府採取行動。他們關心的議題包括氣候系統的臨界點、生物多樣性的流失，以及社會和生態崩潰的危險。

74. Hauser, O. P., Rand, D. G., Peysakhovich, A., and Nowak, M. A. (2014) 'Cooperating with the future', *Nature*, 511 (7508), 220–223.

結語：惡意的未來

1. 譯註：達摩克利斯（Damocles）是西元前四世紀，義大利敘拉古僭主的臣子，他奉承僭主狄奧尼修斯有幸可以為王，但僭主卻提議與他交換一天身分。晚宴上達摩克利斯享受著扮演國王的角色。但當晚餐快結束時，他才赫然發現王位上有把僅用馬鬃懸著的利劍，那是僭主用來告誡自己他四處樹敵，得慎防暗殺的一把劍。達摩克利斯立即失去了當王的興致，請求狄奧尼修斯饒過他。達摩克利斯之劍象徵：力量強大卻也害怕失去一切。

2. Lovell, D. W. (1984) 'The concept of the proletariat in the work of Karl Marx', https://openresearch-repository.anu.edu.au/bitstream/1885/124605/2/b12112537_Lovell_David_W.pdf

3. 譯註：從一九六九到一九七七年，美國出現了一個成員被俗稱為「氣象員」的極左暴力組織，全稱為「地下氣象組織」（Weather Underground Organization）。他們最早是從反越戰的學生衝組中分裂出來，宗旨是革命顛覆政府。氣象員在一九七年代進行過對政府的炸彈攻擊，但主要是破壞財產，且事前會發出警告來避免人命傷亡。

4. https://quillette.com/2018/07/14/i-was-the-mob-until-the-mob- came-for-me/

5. Ronson, J. (2015) 'How one stupid tweet blew up Justine Sacco's life', *New York Times*, 12 Feb. See also Ronson, J. (2016) *So you've been publicly shamed*. New York, NY: Riverhead Books.

6. Murray, D. (2019) *The madness of crowds: Gender, race and identity*. London: Bloomsbury.

7 Weinstein, B. (2018, May 22) 'Joint Hearing before the Subcommittee on Healthcare, Benefits, and Administrative Rules and the Subcommittee on Intergovernmental Affairs of the Committee on Oversight and Governmental Reform. House of Representatives, 115th Congress, Second Session', https://www.govinfo.gov/content/pkg/CHRG-115hhrg32667/html/CHRG-115hhrg32667.htm

8. https://www.defiance.news/def007-bret-weinstein

9. Batson, C. D., Kobrynowicz, D., Dinnerstein, J. L., *et al.* (1997) 'In a very different voice: Unmasking moral hypocrisy', *Journal of Personality and Social Psychology*, 72 (6), 1335–48; Batson, C. D. and Collins, E. C. (2011) 'Moral hypocrisy: A self-enhancement/self-protection motive in the moral domain', in M. D. Alicke and C. Sedikides (eds), *The handbook of self-enhancement and self-protection* (pp. 92–111). New York, NY: Guilford.

10. 參見 Batson, C. D. (2011) 'What's wrong with morality?', *Emotion Review*, 3 (3), 230–6.

11. 同上。

12. 同上。

13. Marcus *et al.* (2014).

14. Batey, M. and Furnham, A. (2006) 'Creativity, intelligence, and personality: A critical review of the scattered literature', *Genetic, Social, and General Psychology Monographs*, 132 (4), 355–429.

15. 不過這裡說的創意純指理科，而不包括舞蹈、繪畫或詩賦領域的創意。詳見Davis, C. D., Kaufman, J. C. and McClure, F. H. (2011) 'Non-cognitive constructs and self-reported creativity by domain', *Journal of Creative Behavior*, 45 (3), 188–202.

16. Bakker, B. and Schumacher, G. (2020) 'The populist appeal: Personality and anti-establishment communication', https://psyarxiv.com/n3je2/download?format=pdf

17. 參見 https://bigthink.com/culture-religion/eric-weinstein-intellectual-dark-web

18. 別誤會，不是我不知道他得的是生理學獎還是醫學獎，而是他得的獎項就叫「生理學或醫學」獎。

19. https://www.theguardian.com/commentisfree/2014/dec/01/dna-james-watson-scientist-selling-nobel-prize-medal

20. Hunter, S. T. and Cushenbery, L. (2015) 'Is being a jerk necessary for originality? Examining the role of disagreeableness in the sharing and utilization of original ideas', *Journal of Business and Psychology*, 30 (4), 621–39.

21. Starmans, C., Sheskin, M. and Bloom, P. (2017) 'Why people prefer unequal societies', *Nature Human Behaviour*, 1 (4), 0082.

22. https://www.cia.gov/news-information/featured-story-archive/2012-featured-story-archive/simple-sabotage.html

23. Grolleau, G., Mzoughi, N. and Sutan, A. (2009) 'The impact of envy-related behaviors on development', *Journal of Economic Issues*, 43 (3), 795–808.

24. Chetty, R., Grusky, D., Hell, M., *et al.* (2017) 'The fading American dream: Trends in absolute income mobility since 1940', *Science*, 356 (6336), 398–406.

25. 同上。

26. Boltz, M., Marazyan, K. and Villar, P. (2019) 'Income hiding and informal redistribution: A lab-in-the-field experiment in Senegal', *Journal of Development Economics*, 137, 78–92.

27. Norton, M. I. (2014) 'Unequality: Who gets what and why it matters', *Policy Insights from the Behavioral and Brain Sciences*, 1 (1), 151–5.

28. Luce, E. (2017) *The retreat of Western liberalism*. London: Little, Brown.

29. https://www.politico.com/story/2009/04/inside-obamas-bank-ceos-meeting-020871

30. Pettigrove, G. and Tanaka, K. (2014) 'Anger and moral judgment', *Australasian Journal of Philosophy*, 92 (2), 269–86.

31. Dubreuil, B. (2015) 'Anger and morality', *Topoi*, 34 (2), 475–82.

32. 同上。

33. Van't Wout, M., Chang, L. J. and Sanfey, A. G. (2010) 'The influence of emotion regulation on social interactive decision-making', *Emotion*, 10 (6), 815–21.

34. 原始的論文是Calvillo, D. P. and Burgeno, J. N. (2015) 'Cognitive reflection predicts the acceptance of unfair Ultimatum Game offers', *Judgment & Decision Making*, 10 (4), 332–41, 而問題則取材自http://journal.sjdm.org/14/14715/stimuli.pdf

35. 你的直覺多半會想說是。但理性會要我們說不是。理性會表示，不，我們不能下結論說玫瑰是花。花或許都有花瓣，但這並不表示有花瓣的就一定是花。必須要第一個命題是「所有有花瓣的都是花」，那麼我們才能下結論說玫瑰有花瓣代表它們是花。

36. 你大概會想著答案是三十，但如果傑瑞拿到第十五高的分數，那就代表他上面還有十四個人。如果他也拿到第十五低的分數，那就代表他下面還有十四個人。所以你有上下各十四個人加上傑瑞本人，十四乘以二加一等於二十九個人。

37. 如果兩名護士花兩分鐘可以量好兩個病人的血壓，那這就代表一名護士花兩分鐘可以量好一個病人的血壓。如果你讓兩百名護士一起工作，那麼在兩分鐘之內，她們每個人可以各量好一個病人的血壓，也就是有兩百個病人的血壓會同時量好。這麼一來，答案就是兩分鐘。

38. Calvillo and Burgeno (2015).

39. Kirk, U., Downar, J. and Montague, P. R. (2011) 'Interoception drives increased rational decision-making in meditators playing the Ultimatum Game', *Frontiers in Neuroscience*, 5, 49.

40. 同上。

41. 同上。

42. 譯註：這指的是高大罌粟花症候群（tall poppy syndrome），也就見不得人好，棒打出頭鳥的概念。

43. Chapman, B. P., Fiscella, K., Kawachi, I., *et al.* (2013) 'Emotion suppression and mortality risk over a 12-year follow-up', *Journal of Psychosomatic Research*, 75 (4), 381–5; Greer, S. and Morris, T. (1975) 'Psychological attributes of women who develop breast cancer: A controlled study', *Journal of Psychosomatic Research*, 19 (2), 147–53; Thomas, S. P., Groer, M., Davis, M., *et al.* (2000) 'Anger and cancer: An analysis of the link- ages', *Cancer Nursing*, 23 (5), 344–9; McKenna, M. C., Zevon, M. A., Corn, B., *et al.* (1999) 'Psychosocial factors and the development of breast cancer: A meta-analysis', *Health Psychology*, 18 (5), 520–31; Cameron, L. D. and Overall, N. C. (2018) 'Suppression and expression as distinct emotion-regulation processes in daily interactions: Longitudinal and meta-analyses', *Emotion*, 18 (4), 465–80.

44. https:/ /www.nottingham.ac.uk/cedex/documents/papers/2010-02.pdf

45. Dubreuil (2015).

46. McCullough, M. E., Kurzban, R. and Tabak, B. A. (2013) 'Cognitive systems for revenge and forgiveness', *Behavioral and Brain Sciences*, 36 (1), 1–15.

47. 同上。; McCullough, M. (2008) *Beyond revenge: The evolution of the*

forgiveness instinct. New York, NY: John Wiley & Sons.

48. Barclay, P. (2013) 'Pathways to abnormal revenge and forgiveness', *Behavioral and Brain Sciences*, 36 (1), 17–18.

49. 同上。

50. Kahneman, D., Knetsch, J. L. and Thaler, R. H. (1986) 'Fairness and the assumptions of economics', *Journal of Business*, 59 (4), S285–300.

51. Mowe, S. (2012) 'Aren't we right to be angry? How to respond to social injustice: An interview with Buddhist scholar John Makransky', *Tricycle*, https://tricycle.org/magazine/arent-we-right-be-angry/

52. 同上。